Wunderfitz

Arbeitsbuch No.1

Gedruckt auf umweltfreundlichem, chlorfrei gebleichtem Papier

Alle Rechte vorbehalten - Printed in Germany
© Verlag Herder Freiburg im Breisgau 2003
www.herder.de

Satz und Gestaltung: Büro MAGENTA, Freiburg
Umschlagillustration: Maryse Forget, Lahr
Druck und Bindung: fgb · freiburger graphische betriebe 2003
www.fgb.de

ISBN 3-453-26511-7

Die Bildungsbereiche des Arbeitsheftes

Die Gruppierung der Aufgaben-Themen entspricht der Konzeption der Wunderfitz-Bildungsmappe. Auf das Thema Sprache übertragen heißt das:

Die Welt erschaffen

Bei diesen Aufgaben sind die Kinder schöpferisch tätig und beschreiben den anderen ihre Werke.

Die Welt spüren

Die Kinder werden aufgefordert, ihre Wahrnehmungen, Gefühle oder Stimmungen in Worte zu fassen.

Sich in der Welt verständigen

Hier geht es um die Sprache als Mittel zur Verständigung, um Mitteilungen, Zeichen und Symbole.

Die Welt erforschen

Die Kinder experimentieren, bringen ihre Ideen und Vorschläge ein und berichten den anderen von ihren Ergebnisse oder Erfahrungen.

Die Welt deuten

Bei diesen Aufgaben lernen die Kinder, ihre eigene Meinung zu vertreten, ihre Wünsche zu begründen und ihre Vorstellungen zu beschreiben.

Vorwort

Jedes Ding hat seinen Namen! Durch die Sprache werden Gegenständen, Erlebnissen und Gedanken Wörter zugeteilt. Diese hört das Kind, übt und wiederholt sie und wendet sie schließlich selber an. So wird Sprache gelernt. Dabei werden die gehörten Wörter und Sätze und die damit verbundenen sinnlichen Wahrnehmungen und Erlebnisse im Gedächtnis gespeichert. Auf diese Weise nehmen Wortschatz und Sprachfertigkeit zu. Ist bei den Kindern das Interesse an der Sprache einmal geweckt, ist auch der Anfang der Bildungsförderung geschafft. Denn die Bereitschaft des Kindes, viele neue Informationen aufzunehmen, also zu lernen, ist aktiviert. **Wer sich Bildungsförderung im Kindergarten als Förderprogramm vornimmt, der beginnt am besten mit einer gezielten Sprachförderung.**

Aber wie wird Sprache nun gelernt? Unter anderem einfach durch Übung. Und Sprache üben, heißt neue Wörter und Sätze beim Sprechen immer wieder einzusetzen. Vorschulkinder haben die Chance, Sprache beim Spielen zu lernen. Je mehr das Kind zum aktiven Sprachgebrauch aufgefordert und herausgefordert wird, desto größer ist die sprachliche Lernleistung. Die Konsequenz ist, den Kindern viele Spiele anzubieten, die zum Sprechen, Zuhören, Fragen, Erklären und Mitteilen anregen. Das ist Sprachförderung – und zugleich Bildungsförderung.

In diesem Arbeitsheft finden Sie konkrete Spielvorschläge. Entsprechend der Konzeption der Wunderfitz-Bildungsmappen ist auch das Wunderfitz-Arbeitsheft zur Sprachförderung ein Arbeitsmaterial für Kinder ab viereinhalb Jahren. Den Kindern werden konkrete Aufgaben gestellt, die sie selbständig ausführen können.

Dabei werden die Kinder miteinander arbeiten und vor allem miteinander reden, sich Fragen stellen und nach Antworten suchen, vor der Gruppe etwas vortragen und ihre eigene Meinung äußern, auch dann, wenn andere anders denken.

Bei den unterschiedlichen Aufgaben erwerben die Kinder eine Sprachsensibilität für den richtigen Gebrauch der Wörter, eine Sprachkompetenz für ihre Kommunikation mit anderen und einen aktiven Sprachwortschatz, der sie für das Lernen in der Schule fit macht.

Alle Aufgaben sind Spiele speziell für die **Vorschulkinder** in der Gruppe. Die konkreten **Aufgaben der Kinder** sind so formuliert, dass diese den Kindern vorgelesen werden können. Die didaktischen Anregungen für die **Einstimmung** und den **weiteren Spielverlauf** sind eine praktische Arbeitshilfe, ebenso die genauen Angaben für die **Vorbereitung**, die Gruppengröße der **Kinder** und das benötigte **Material**.

Und nun sind Sie an der Reihe, öffnen Sie die Sprach-Schatztruhe und überraschen Sie die Kinder mit Wunderfitz' spannenden Aufgaben! Dazu wünsche ich Ihnen und den Kindern großen Sprach-Spiel-Spaß!

Gisela Walter

Papierburg

Ziele und Bedeutung

- Ideen mitteilen
- Sachlich beschreiben
- Gedankliche Vorstellungen in Sprache übertragen
- Absprachen treffen

Die Kinder entwickeln eigene Vorstellungen von einem Bauwerk, sie beschreiben und erklären ihre Ideen und sprechen schließlich miteinander ab, was sie realisieren wollen. Wie gleichwertig die Rollen im Team sind, lässt sich nicht beeinflussen. Doch nicht nur ein Bestimmen, sondern auch ein Nachfragen erfordert sprachliche Aktivität, ohne die die gemeinsame Arbeit nicht gelöst werden kann.

Das Baumaterial Papier ist für eine Burg ungewöhnlich und fordert kreatives Denken und Experimentieren heraus, denn Papier ist flach, dünn, biegsam. Erst wenn man es faltet, aufrollt oder knüllt wird es stabil. Aber das sollen die Kinder selber herausbekommen.

Vorbereitung

In einer großen Sammelkiste werden Papiere gesammelt, z. B. große Schreibblätter, bunte Zettel, dicke Kartonpapiere, dünne Geschenkpapiere, Postkarten, Packpapiere.

Gruppe: bis zu zehn Kinder
Material: Papiere aller Art, Klebstoff

Einstimmung

Die Kinder suchen sich einen Spielpartner und treffen sich vor der Papiersammelkiste.

»Wisst ihr, wie eine Burg aussieht?« Diese Frage können die Kinder leicht beantworten – und mit der Aufzählung ihrer Vorstellungen von einer Burg sind sie gedanklich mitten in der Aufgabe.

Weiterer Spielverlauf

Alle Burgen werden besichtigt, jede Gruppe sagt etwas zu ihrem Kunstwerk, erklärt Einzelheiten und Besonderheiten. Zum Schluss überlegen alle gemeinsam, wo sie eine Burgen-Ausstellung aufbauen können.

Aufgaben der Kinder

1. Baut eine Burg aus Papier.
2. Besprecht miteinander, wie ihr dabei vorgehen wollt und wie eure Burg aussehen soll.
3. Probiert aus, wie aus dem dünnen, biegsamen Papier ein stabiles Baumaterial wird.
4. Ihr könnt jederzeit Baumaterial aus der Kiste holen.
5. Wenn ihr fertig seid, räumt euren Arbeitsplatz auf, lasst nur die Burg darauf stehen und kommt zu mir.

Urtiere

Ziele und Bedeutung

- Sprachfantasie
- Eigene Wortschöpfungen
- Fantasien aussprechen
- Sachlich beschreiben

Mit feinmotorischem Geschick formen die Kinder aus Knete Fantasietiere und mit sprachlichem Geschick beschreiben sie ihre Lebensgewohnheiten und Besonderheiten.

Ob das Tier gehen, springen, klettern, schwimmen oder fliegen kann, was es isst und trinkt, wie es schläft und ob es in Gruppen oder alleine lebt, das denken sich die Kinder aus. Weil sie diese Aufgabe zu zweit lösen, müssen sie ihre Fantasien präzise schildern, sonst versteht der Spielpartner nicht, was gemeint ist.

Vorbereitung

Mit einem Paket Knete in der Hand stehen die Kinder bereit.

Gruppe: bis zu zehn Kinder
Material: Knete

Einstimmung

Mit einer kurzen, stimmungsvollen Geschichte aktivieren Sie die Fantasie der Kinder und stimmen diese auf die Aufgabe ein, z. B. so: »Früher, ganz, ganz früher, als es noch keine Menschen auf der Erde gab, auch noch keine Dinosaurier, da lebten viele wunderliche Tiere, wunderschöne, ganz besondere Tiere, große und kleine.
Wir wissen, dass es sie gab, aber wir wissen nicht, wie sie ausgesehen haben, ob sie ein oder mehrere Beine oder Flügel oder Flossen hatten, wie sie sich ernährten, wie sie lebten, allein oder mit anderen Tieren, unter der Erde oder auf Felsen oder Bäumen, im See oder Fluss oder Eis. Das alles wissen wir nicht – aber wir können es uns ausdenken. Und das ist die Aufgabe.«

Aufgaben der Kinder

1. Sucht euch einen Spielpartner.
2. Denkt euch so ein Tier aus.
3. Besprecht miteinander, wie es aussehen soll.
4. Formt mit Knete dieses Tier.
5. Überlegt einen Namen für das Tier.
6. Denkt euch einen Tag im Leben des Tieres aus.
7. Wenn ihr alle damit fertig seid, treffen wir uns wieder.

Weiterer Spielverlauf

Jede Gruppe stellt ihr Tier vor und berichtet von einem fiktiven Tagesablauf ihres Tieres. Wenn Sie die Rolle der Moderatorin übernehmen, könnten Sie mit Fragen das Fachgespräch vertiefen. Wer will, kann anschließend ein Bild von der Landschaft zeichnen, in der sein Urtier früher, ganz, ganz früher, gelebt hat.

Raum gestalten

Ziele und Bedeutung

- Seine Meinung äußern
- Seine Bewertung begründen
- Vorschläge machen
- Andere überzeugen

Der Gruppenraum wird kritisch betrachtet, kommentiert, gewertet und es werden konkrete Veränderungsvorschläge gemacht. Um dies leisten zu können, muss das Kind eine eigene Meinung haben, seine Vorstellungen konkretisieren und präzisieren, seinen Verbesserungsvorschlag begründen und die anderen davon überzeugen, damit sie der Veränderung zustimmen. In dieser Aufgabe steckt nicht nur eine Sprachübung für demokratisches Verhalten, sondern auch für Verhandlungsgeschick und Empathie.

Vorbereitung

Die Kinder holen sich ein Band oder ein Tuch und versammeln sich an einem Platz, der auch nach Abschluss der Aufgabe wieder der Treffpunkt sein wird.

Gruppe: bis zu zehn Kinder
Material: Stoffbänder oder Chiffontücher

Einstimmung

Sie stellen Fragen, unpolemisch und sachlich, denn es geht um eine Sache: Ob die Kinder sich schon einmal bewusst im Gruppenraum umgeschaut haben? Ob ihnen alles so gefällt, wie es ist? Ob sie etwas vermissen oder ändern oder umstellen wollen? Oder ob sie etwas abhängen oder aufhängen, verschieben oder wegräumen wollen? Ob die Möbel und Spielecken am richtigen Platz sind, die Schränke und Schubladen richtig eingeräumt? Ob die Kinder etwas ganz neu gestalten wollen? Sobald die Blicke der Kinder immer interessierter durch den Raum wandern, haben sie verstanden, um was es geht und Sie können die konkrete Aufgabe vortragen.

Aufgaben der Kinder

1. Jeder geht alleine im Raum umher und schaut sich genau um.
2. Jeder sucht eine Stelle aus, die ihm nicht gefällt und befestigt dort sein Band.
3. Jeder überlegt, wie er diese Stelle verändern könnte, so dass sie ihm gefällt.
4. Wer mit seinen Überlegungen fertig ist, kommt zurück zum Treffpunkt.

Weiterer Spielverlauf

Sind alle Kinder wieder beim Treffpunkt, ziehen sie gemeinsam von einer markierten Stelle zur anderen. Zu Wort kommt, wer sich die jeweilige Stelle ausgesucht hat. Er kritisiert, was ihm nicht gefällt und beschreibt seine neuen Ideen. Dann muss er die anderen Kinder fragen, wie ihnen dieser Vorschlag gefällt, wer zustimmt oder dagegen ist. Erst zum Schluss sollten Sie sich einmischen und dann mit den Kindern besprechen, wie die neue Idee realisiert werden kann.

Veränderungswünsche der Kinder mit denen Sie rechnen müssen: andere Bilder aufhängen, die Puppenecke mit der Bauecke vertauschen, eine stille Ecke einrichten, wo man nicht gestört werden darf, die Kuschelecke mit Vorhängen von der Decke herab einhüllen, Bilder am Fenster abnehmen, damit man hinausschauen kann.

Pläne schmieden

Ziele und Bedeutung

- Zeitverständnis
- Absichten erklären
- Ursachen ergründen
- Selbstreflexion

In Eigenverantwortung sollen die Kinder handeln und sich etwas Konkretes vornehmen, das sie im Laufe des Tages auch realisieren können. Nach Ablauf der Zeit beschreiben die Kinder, wann und wie sie ihr Vorhaben ausgeführt haben oder erklären, warum es ihnen nicht gelungen ist und analysieren selbst ihre Situation. Das erfordert abstraktes Denken, Zeitverständnis und kritisches Reflektieren des eigenen Handelns.

Vorbereitung

Die Pinnwand wird aufgestellt. Dort treffen sich die Kinder zur Besprechung.

Gruppe: bis zu zehn Kinder
Material: Karten, Malstifte, Pinnwand

Einstimmung

»Wer weiß, was Pläne machen bedeutet?« Aus den Antworten der Kinder können Sie erkennen, ob diese das Spiel verstehen werden oder ob es noch weiterer Erklärungen bedarf.

Aufgaben der Kinder

1. Jeder überlegt sich eine Sache, die er heute tun will.
2. Jeder malt seine Idee auf eine Karte, das ist sein Plan.
3. Jeder hängt seinen Plan an die Pinnwand.
4. Jeder achtet selber darauf, dass er heute das macht, was er geplant hat.
5. Am Ende des Tages treffen wir uns wieder vor der Pinnwand.

Weiterer Spielverlauf

Es bleibt den Kindern selbst überlassen, wann und wie sie ihre Pläne realisieren. Bei der Abschlussrunde erzählt jeder was er sich vorgenommen hat und wie es gelaufen ist. Danach nimmt er seine Karte von der Pinnwand. Konnte ein Kind sein Vorhaben nicht ausführen und nennt die Gründe dafür, hat es die Aufgabe auch erfüllt.

Wundermaschinen

Ziele und Bedeutung

- Fantasie anregen
- Wortschatz erweitern
- Etwas Nicht-Sichtbares beschreiben
- Funktionen erklären

Die Kinder erfinden nur in Gedanken eine Wundermaschine und beschreiben sie den anderen. Das trainiert Fantasie und Vorstellungsvermögen und erfordert hohe sprachliche Leistung, wenn *z. B. Aussagen über die Funktionen der Maschine gemacht werden, das technische Aussehen, die produzierten oder bewerkstelligten Dinge erklärt werden. Es kommt dabei nicht auf eine realistische Darstellung eines maschinellen Funktionsablaufs an, sondern auf das Sprachvermögen, eine nur mit den Gedanken konstruierte Maschine zu erklären.*

Vorbereitung

Die Kinder setzen sich in einen Kreis, so dass jeder jeden sehen und ihm aufmerksam zuhören kann.

Gruppe: bis zu zehn Kinder

Einstimmung

Sie beginnen mit einem kleinen Rollenspiel, damit die Kinder ausreichend Zeit haben, sich auf die bevorstehende gedankliche Leistung einzulassen. Sie begrüßen die Kinder als Erfinder, schütteln jedem die Hand und sprechen einleitende Wort wie z. B.: »Sehr geehrte Erfinder, bei unserer heutigen Konferenz wollen wir uns gegenseitig von unseren neuesten Erfindungen berichten. Ich möchte beginnen. Ich habe eine Sprung-Maschine erfunden, mit der ich große Sprünge machen kann. Ich klemme zwei flache Maschinenteile unter meine Schuhe, gehe in die Hocke, und wenn ich hochspringe, kann ich wie eine Rakete durch die Luft sausen. Sobald ich meine Füße gegeneinander schlage, bremst meine Sprung-Maschine ab und ich lande wieder auf dem Boden ...«
Und jetzt formulieren Sie die Aufgabe.

Aufgaben der Kinder

1. Jeder denkt sich eine Maschine aus, die etwas Besonderes kann.
2. Wer reden möchte, hebt die Hand.
3. Jeder beschreibt nur mit Worten seine Erfindung, wie die Maschine aussieht und was sie macht.

Weiterer Spielverlauf

Übernehmen Sie die Rolle der Moderatorin und bestimmen Sie die Reihenfolge der Redner. Wenn einem Erfinder die Ideen ausgehen, könnten Sie mit gezielten Fragen weiterhelfen, z. B. »Wo schaltest du die Maschine ein?« »Welche Form hat die Maschine?« Können die Kinder vor Begeisterung nicht mehr mit ihren fantasievollen Schilderungen aufhören, dann machen Sie am besten diesen Vorschlag: »Wer will, fertigt eine Zeichnung oder ein Modell von seiner Maschine an und stellt es bei der nächsten Erfinderkonferenz vor.«

Traumhaus

Ziele und Bedeutung

- **Sachlich beschreiben**
- **Fantasievorstellungen in Worte fassen**
- **Kompromisse aushandeln**
- **Eigene Ideen begründen**

Hier kommen Fantasie und Wirklichkeit zusammen. Mit einem Foto wird das Traumhaus sichtbar, für die Beschreibung der Zimmer des Traumhauses braucht das Kind allerdings Fantasie. Da immer zwei Kinder miteinander die Aufgabe ausführen, müssen sie sich absprechen, ihre Vorstellungen abklären und miteinander entscheiden.

Vorbereitung

Auf einem Tisch wird das Material ausgebreitet, dabei helfen die Kinder.

Gruppe: bis zu zehn Kinder
Material: Papier, Farbstifte, Reiseprospekte, Scheren, Klebstoff

Einstimmung

Die Kinder sitzen rund um den Tisch, Sie beginnen mit einer kleinen Erzählung, um die Fantasie der Kinder zu stimulieren, z. B. so: »Früher habe ich mir immer vorgestellt, ich würde einmal in einem Traumhaus wohnen, mit vielen Zimmern. Jedes Zimmer in meinem Traumhaus war anders eingerichtet, da gab es ein Zimmer mit Sand und Sandspielsachen, ein Zimmer mit Wasser zum Planschen, ein Zimmer mit Matratzen zum Hüpfen und Toben und ein Zimmer mit vielen weichen Kissen, für mich und meine Puppen und Schmusetiere. Ich dachte mir, dass mein Traumhaus mitten in einer bunten Blumenwiese stehen würde, mit Bach und Teich und großen Kletterbäumen …«
Wenn die Augen der Kinder zu leuchten beginnen, ist das ein Zeichen dafür, dass die Kinder ihre eigene Fantasie eingeschaltet haben und bereits eigene Vorstellungen von einem Traumhaus entstehen. Die Aufgabe kann gestellt werden.

Aufgaben der Kinder

1. Sucht euch einen Spielpartner.
2. Sucht in den Prospekten nach einem Traumhaus, entscheidet gemeinsam.
3. Schneidet das Haus aus und klebt es auf ein Papier.
4. Malt rund um das Haus einen Garten.
5. Überlegt, wie das Haus innen aussieht.
6. Denkt euch drei besondere Zimmer aus, von denen ihr uns nachher erzählt.

Weiterer Spielverlauf

Haben die Kinder ihre Aufgabe beendet, räumen sie die Bastel- und Malsachen auf und warten, bis alle fertig sind.
Jede Gruppe stellt ihr Traumhaus vor. Die beiden Vortragenden stehen dabei auf und halten ihr Bild in die Höhe. Die anderen Kinder können Fragen stellen. Nach jeder Vorstellung gibt es Applaus!

Fliegender Teppich

Ziele und Bedeutung

- Ideen erklären
- Sachlich beschreiben
- Ursachen begründen
- Ergebnisse vermitteln

Die Kinder falten einen Papierflieger, beobachten die Fluglinie, probieren verschiedene Möglichkeiten des Faltens aus, prüfen und erkennen Ursache und Wirkung

ihres Experimentes. Weil die Kinder in Gruppen arbeiten, müssen sie sich untereinander absprechen, dem anderen ihre Ideen erklären, ihre Beobachtungen mitteilen und ihre Vermutungen zum Ausdruck bringen. Sie werden »Fachgespräche« führen und zum Schluss dem Plenum ihre Erkenntnisse vermitteln.

Vorbereitung

Die Kinder treffen sich am Basteltisch.

Gruppe: bis zu zehn Kinder
Material: Schreibpapiere

Einstimmung

Die Kinder schauen Ihnen beim Falten des Fliegenden Teppichs einfach zu.

Die Faltarbeit geht so:

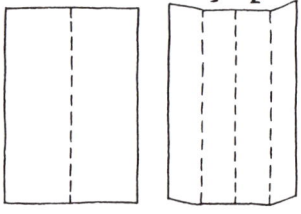

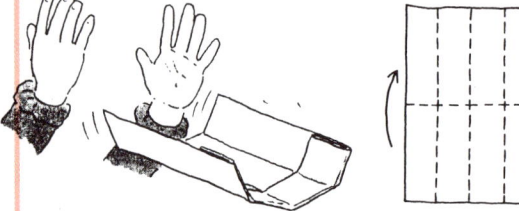

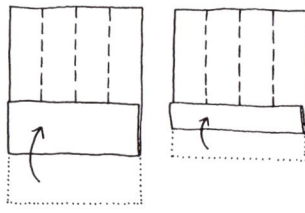

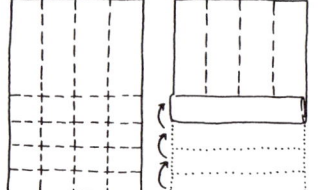

Bei diesem Flugobjekt kommt es darauf an, wie viele Querfalten sie knicken. Sind es zu wenig, torkelt der Flieger zu Boden, wurden zu viele Falten geknickt, stürzt er senkrecht ab. Ausschlaggebend für schöne Flugbahnen ist auch die runde Biegung des Flugkörpers. Aber das alles verraten Sie den Kindern nicht, das herauszufinden, gehört zur Aufgabe. Zeigen Sie nur den Faltvorgang, dann kann die Aufgabe gestellt werden.

Aufgaben der Kinder

1. Jeder nimmt ein Papier.
2. Stellt euch als Gruppe zu zweit oder zu dritt zusammen.
3. Faltet den Fliegenden Teppich. Wie das geht, habt ihr gerade gesehen.
4. Probiert aus, was ihr tun könnt, damit der Fliegende Teppich lange und weit segelt.

Weiterer Spielverlauf

Sind alle Kinder mit ihrem Ergebnis zufrieden, treffen sie sich wieder. Jetzt berichtet jede Gruppe, wie sie beim Falten vorgegangen ist, was sie ausprobiert hat, damit der Flieger besser fliegt, und demonstriert das Ergebnis mit einem Probeflug ihres Fliegenden Teppichs.

Baustelle Sandkasten

Ziele und Bedeutung

- Gedankliche Vorstellungen präzisieren
- Arbeiten absprechen
- Sachlich beschreiben
- Team-Besprechungen

Bei diesem Spiel im Sandkasten ist Teamarbeit gefordert. Die Kinder müssen ihre Ideen einbringen, sich mit anderen absprechen, fragen, zeigen, erklären, Vorschläge machen, die Arbeiten untereinander verteilen, die eigene Meinung äußern und Kompromisse eingehen.

Da mehr als zwei Kinder mit im Spiel sind, wird die Kommunikation anfangs eher langsam in Gang kommen. Doch die Kinder haben einen ganzen Tag Zeit für ihre Aufgabe und damit die Chance, zunehmend ein eingespieltes Team mit funktionsfähiger Handlungskompetenz zu werden.

Vorbereitung

Sie gehen mit den Kindern zum Sandkasten und bauen miteinander die Abgrenzung rund um den Sandkasten auf. Jetzt können alle anderen Kinder sehen, mit dieser Baustelle hat alles seine Richtigkeit und Wichtigkeit. Die Absperrung bedeutet: Betreten verboten!

Gruppe: drei bis vier Kinder
Material: Sandspielsachen, Naturmaterial, Spielzeug aus der Baukiste, zur Abgrenzung der »Baustelle« vier Stäbe und ein Band

Einstimmung

Sie erklären der Gruppe, dass sie allein und selbstständig und den ganzen Tag im Sandkasten bauen, arbeiten und spielen darf.

Aufgaben der Kinder

1. Baut im Sandkasten eine Stadt oder eine Landschaft.
2. Sprecht eure Ideen miteinander ab, verteilt auch die Aufgaben.
3. Holt alles, was ihr dazu braucht. Aber nehmt den anderen Kindern nicht die Sachen weg, mit denen sie gerade spielen, sondern überlegt, was ihr in diesem Fall als Ersatz nehmen könnt.
4. Wenn ihr wollt, dürft ihr Pausen einlegen und auch etwas anderes tun. Aber das solltet ihr untereinander absprechen.

Weiterer Spielverlauf

Sicher werden rund um die Abzäunung immer wieder Kinder auftauchen, die neugierig schauen und wissen wollen, was da passiert. Das sollte die Bauarbeiter im Sandkasten nicht stören, im Gegenteil. Sie können den anderen erklären, was sie gerade machen oder vorhaben.

Am Schluss des Tages wird die Abzäunung abgebaut. Sie kommen als Reporterin mit Fotoapparat und Notizblock, interviewen die Bauarbeiter und machen Fotos vom Bauwerk. Vielleicht kann schon am nächsten Tag Ihr Bericht per Aushang erscheinen? Das wäre die beste Animation für eine nächste Baugruppe, die sich dieser Tagesaufgabe stellen möchte!

Eins nach dem andern

Ziele und Bedeutung

- Zusammenhänge erfassen und beschreiben
- Handlungsabläufe benennen
- Logische Reihenfolgen wahrnehmen

Ein Kind nimmt sich eine Handlung vor, benennt sie und spielt sie in der richtigen Reihenfolge vor. Die anderen Kinder schauen zu, interpretieren und übertragen ihre visuellen Erkenntnisse in Sprache.

Der Sprachleistungspegel ist hoch – doch für die Kinder ist das einfach nur ein lustiges Pantomime-Ratespiel.

Vorbereitung

Die Kinder setzen sich im Halbkreis.

Gruppe: bis zu zehn Kinder

Einstimmung

Sie erklären, was ein Pantomimespiel ist und spielen auch gleich eine kleine Szene vor, z. B. ein Bild malen oder eine Bauklotzburg bauen oder ein Bilderbuch anschauen. Die Kinder raten, und damit ist bereits das Spiel erklärt. Die Aufgabe selbst hat noch weitere Spielregeln.

Weiterer Spielverlauf

Später kann ein anderes Kind Spielleiter sein, dem die Szene zugeflüstert wird und das auf die Einhaltung der Spielregeln achtet.

Aufgaben der Kinder

1. Wer an der Reihe ist, denkt sich aus, was er tun möchte.
2. Er flüstert es mir ins Ohr.
3. Er spielt es vor.
4. Er klatscht in die Hände, wenn sein Spiel beendet ist.
5. Er zeigt auf einen Mitspieler, der raten darf.
6. Der Mitspieler erzählt, was er gesehen hat.
7. Er ist der nächste Spieler.

Wenn ich König wär'

Ziele und Bedeutung

- Kritische Auseinandersetzung mit der Umwelt
- Weltverständnis in Sprache übertragen
- Freie Rede
- Argumentieren

Die Kinder setzen sich kritisch mit den Gegebenheiten ihrer Kinderwelt auseinander, nehmen zu den Dingen, die ihnen wichtig sind, Stellung und überlegen sich dazu neue Gesetze, Regeln oder Verbote. In freier Rede tragen sie ihre Meinung vor. Sie müssen sich dabei bemühen, von den anderen wirklich verstanden zu werden. Das gelingt, wenn die Ansichten klar formuliert, verständlich und logisch begründet werden. Auf den ersten Blick eine anspruchsvolle Aufgabe. Doch mit dieser didaktischen Umsetzung ist sie ein Kinderspiel, im doppelten Sinne des Wortes.

Vorbereitung

Die Kinder sitzen am Tisch, Papiere und Buntstifte liegen bereit.

Gruppe: bis zu sechs Kinder
Material: Briefpapier, Buntstifte, Pinnwand

Einstimmung

Wer hier auftritt, ob König, Königin, Bundeskanzler oder Ministerin, das ist egal. Wichtig ist nur, dass die Kinder die Rolle und die Aufgabe verstehen. Deshalb beginnen Sie das Gespräch auch mit einem Beispiel, hierzu ein Vorschlag: »Wenn ich Königin wäre und bestimmen könnte, was erlaubt und was verboten ist, dann würde ich einiges ändern. Ich würde ...(und nun erfinden und beschreiben Sie ein neues Gesetz, das kann eine Bestimmung oder ein Verbot sein).«
Wenn die Kinder Ihnen verständnisvoll zunicken und beipflichten, dann haben sie nicht nur das neue Gesetz verstanden, sondern auch das Spiel, und Sie können zur Aufgabe übergehen. Wenn nicht, sollten Sie mit den Kindern weitere Beispiele besprechen. Beliebte »Kindergesetze« sind z. B.: Kinder dürfen abends so lange aufbleiben und fernsehen, wie sie wollen. Oder: Eltern müssen jeden Tag mit ihren Kindern zwei Stunden spielen. Oder: In jeder Familie muss eine Katze, ein Hund und ein Pferd sein. Oder: Es ist verboten, mit Kindern zu schimpfen.

Aufgaben der Kinder

1. Jeder denkt sich ein neues Gesetz aus.
2. Jeder schreibt sein Gesetz mit Kritzelschrift auf das Papier und verziert das Papier mit einem Rahmen.
3. Wer fertig ist, hängt sein Blatt an die Pinnwand.
4. Wir warten, bis alle fertig sind, dann geht es weiter.

Weiterer Spielverlauf

Der Reihe nach treten die Kinder vor, zeigen auf ihr Blatt und sagen den anderen, was sie darauf geschrieben haben. Und Sie notieren sich schnell die neuen Gesetze, um beim anschließenden Gespräch darauf Bezug nehmen zu können. Nach jedem Kinder-Vortrag gibt es eine Diskussion. Wer etwas sagen will, steht auf und spricht laut und deutlich. Das macht auf die Zuhörer Eindruck und bestärkt den Redner in seiner Rolle als Vortragender.

Gefühlswörter sammeln

Ziele und Bedeutung

- Gefühle benennen
- Selbstwahrnehmung beschreiben
- Wortschatzerweiterung
- Begriffsfindung

Die Aufgabe bietet Gelegenheit, über seine Gefühle und Stimmungen zu reden und fordert dazu heraus, mit treffenden Worten seine Empfindungen mitzuteilen. Man kann z. B. einfach nur vergnügt sein oder sich wie verrückt freuen, man kann ein wenig bekümmert oder zutiefst traurig sein.
Diese Differenzierungen und Steigerungen werden den Kindern bewusst, wenn sie sich an die Arbeit machen und ihre Farbkarten gestalten.

Vorbereitung

Die Pinnwand so aufstellen oder an der Wand befestigen, dass die Kinder selber ihre Kärtchen anbringen können. Daneben liegen die benötigten Materialien bereit.

Gruppe: bis zu sechs Kinder
Material: Material: Dicke Filzstifte oder Malkreiden, viele Kärtchen, Pinnwand und Stecknadeln

Einstimmung

Über Gefühle reden ist nicht so einfach, deshalb leiten Sie die Aufgabe mit einem kleinen Spiel ein. Sie fragen die Kinder, wie es ihnen geht. »Gut!« werden die meisten antworten, weil diese Antwort üblich ist. Jetzt wollen Sie es aber genauer wissen und wenden sich jedem Kind einzeln zu. Mit weiteren Fragen geben Sie den Kindern zugleich Sprachhilfen für die Schilderung ihrer momentanen Empfindungen, z. B. »Hast du gute Laune?«, »Bist du aufgeregt?«, »Stört dich etwas?«, »Ärgert dich etwas?«.
Nach der Gesprächsrunde stellen Sie die Aufgabe.

Aufgaben der Kinder

1. Jeder von euch sucht ein Wort für seine Gefühle, die er gerade spürt.
2. Jeder nimmt eine Karte, wählt Farben, die zu seinen Gefühlen passen und bemalt damit die ganze Karte.

3. Kommt mit der Karte zu mir und sagt mir das Gefühlswort, ich schreibe es an den Rand der Karte.
4. Befestigt eure Gefühlskarte mit einer Nadel an der Pinnwand.

Weiterer Spielverlauf

Gefühle ändern sich, je nachdem, was man gerade erlebt hat. Das erklären Sie den Kindern und beschreiben damit die Fortsetzung des Spiels: Wer ein Gefühl spürt, das noch nicht an der Gefühlswand zu sehen ist, malt eine neue Karte mit passender Farbe.
Immer wieder kann die Pinnwand Treffpunkt sein. Sie besprechen z. B., welche Gefühle ähnlich sind, welche stark oder schwach sind, welche richtig schön kribbelig sind oder welche einen in eine unangenehme Spannung versetzen.

Katzen-Zirkus

Ziele und Bedeutung

- Bewegungen beschreiben
- Zuhören
- Klare Anweisungen geben
- Zwei Aussagen benennen
- Nonverbale Kommunikation

Bei diesem Spiel gibt es zwei unterschiedliche Rollen mit unterschiedlichen Aufgaben und unterschiedlichen Lernaspekten. Ein Katzen-Dompteur denkt sich Aufgaben aus, die zwei Aussagen enthalten, und ruft diese deutlich und laut aus, was für einige Kinder eine Überwindung ist. Die Katzen-Kinder hören die verbal vermittelte Anweisung und setzen sie in konkrete Bewegungsabläufe um, was das Sprach- und Raumverständnis schult. Weil die Katzen nicht sprechen dürfen, müssen die Kinder ihre nonverbalen Kommunikationsfertigkeiten einbringen. Wer darin zu wenig Erfahrungen hat, kann von den anderen lernen.

Vorbereitung

Die Kinder malen sich mit Schminkstiften rosarote Katzennasen und schwarze Schnurrbarthaare ins Gesicht.

Gruppe: bis zu acht Kinder
Material: Rosa und schwarze Schminkstifte, ein besonderer Hut für den Dompteur, Handtrommel oder Pfeife

Einstimmung

Zuerst sind Sie der Katzendompteur, um den Kindern das Spiel zu zeigen. Der Dompteur sagt, was die Katzen tun sollen und ob sie die Aufgabe allein, zu zweit oder mit der ganzen Gruppe durchführen sollen. Geben Sie von jeder Art ein Beispiel, das die Kinder auch gleich ausführen, z. B.: Jede Katze sucht einen Stuhl und setzt sich darauf. Alle Katzen stellen sich in einer Reihe auf und schleichen nacheinander unter dem Tisch hindurch. Immer zwei Katzen spielen zusammen, eine setzt sich auf die Hinterpfoten, die andere umkreist sie. Alle Katzen kuscheln sich eng aneinander.
Danach stellen Sie die Aufgabe, die noch weitere Spielregeln enthält.

Aufgaben der Kinder

1. Der Dompteur gibt ein Signal.
2. Die Katzen setzen sich.
3. Der Dompteur stellt eine Aufgabe.
4. Die Katzen tun, was er sagt, ohne zu reden.
5. Die Katzen verständigen sich nur mit Blicken, Handzeichen oder mit einem Miauen.

Weiterer Spielverlauf

Jetzt übergeben Sie einem Kind den Hut und die Trommel oder Pfeife. Der neue Dompteur beginnt das Spiel mit den neuen Spielregeln. Nach zwei Spielrunden wählt er einen Nachfolger aus der Katzenkinderschar.

Blumenmusik

Ziele und Bedeutung

- **Wort-Rhythmen erkennen**
- **Rhythmisches Sprechen**
- **Sprechen und Musizieren**

Ein Wort klingt wie ein kleiner Rhythmus und wer eine Sprache lernt, muss auf Wortrhythmen und auch Satzmelodien achten. Darauf werden die Kinder bei diesem Spiel aufmerksam. Das Zusammenspiel mit Musik-instrumenten unterstützt die Wahrnehmung von Sprach- bzw. Wortrhythmen auf mehreren Sinnenskanälen.

Vorbereitung

Die Kinder wählen sich Musikin-strumente aus und spielen darauf zarte, leise »Blumentöne«.

Gruppe: bis zu acht Kinder
Material: Musikinstrumente, z. B. selbst gebastelte Instrumente oder Orff'sche Instrumente, bei Glockenspielen und Xylophonen werden nur die Töne C - E - G angeschlagen.

Einstimmung

Zur emotionalen Einstimmung erzählen Sie von einer bunten Blumenwiese, auf der die schönsten Blumen wachsen: »Die Sonne scheint, Vögel zwitschern und Schmetter-linge tanzen von einer Blume zur anderen ...« Und nun schildern Sie fantasievoll ein paar Blumen, z. B.: »Da gibt es Glockenblumen mit blauen Blütenkelchen, Wiesenschaum-kraut in zartlila, dicke Löwenzahnblüten, die wie Sonnenaugen leuchten ...«
Immer wenn Sie einen Blumennamen nen-nen, spielen Sie gleichzeitig im Rhythmus des Wortes auf einem Instrument mit, z. B.

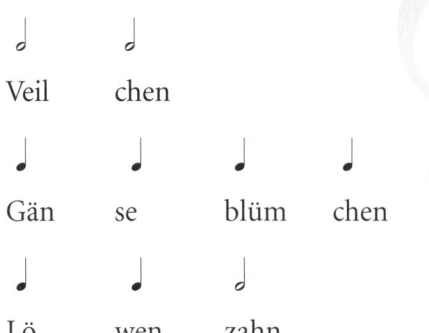

Sobald Sie merken, dass die Kinder von Ihren Schilderungen und Ihrem Blütennamen-Spiel angesteckt sind, beginnt die Aufgabe.

Aufgaben der Kinder

1. Hole ein Instrument und spiele darauf leise Töne.
2. Wähle einen Blumennamen aus.
3. Sprich den Blumennamen laut aus und spiele gleichzeitig auf dem Instrument dazu, als würde das Instrument mitreden.
4. Suche die Kinder, die den gleichen Blumennamen ausgesucht haben.
5. Spielt und sprecht miteinander eure Blumenmusik.

Weiterer Spielverlauf

Musikalisch spannend wird es, wenn unterschiedliche Blumennamen, also Wort-rhythmen, gleichzeitig gesprochen und ge-spielt werden. Dazu stellen sich die Blumen-kinder in Blumengruppen auf und setzen nacheinander mit ihrer Sprechmusik ein, so wie man bei einem Kanon nacheinander beginnt. Geben Sie wie ein Dirigent den Gruppen den Einsatz.

Höre, was ich tue

Ziele und Bedeutung

- Hören
- Gedankliche Vorstellungen konkretisieren
- Akustische Wahrnehmung in Sprache umsetzen
- Sachliche Beschreibung geben

Die Kinder hören ein Geräusch, überlegen und raten, was das sein kann. Sie müssen also mehrere Wahrnehmungen miteinander verknüpfen, um zu einem Ergebnis zu kommen: Das Hören ist nur der Anfang, danach erfolgt die Umsetzung in eine bildliche Vorstellung und schließlich die Übertragung auf die sprachliche Ebene mit der treffenden Wortwahl.

Vorbereitung

Die Kinder sitzen im Kreis, in der Mitte liegen die Materialien.

Gruppe: bis zu zehn Kinder
Material: Bastelsachen und Spielsachen, mit denen man etwas Geräuschvolles tun kann

Einstimmung

Sie beginnen das Spiel, indem Sie etwas tun, das Geräusche verursacht, und beschreiben es gleichzeitig mit Worten. Die Kinder schauen und hören. Als nächstes fordern Sie die Kinder auf, die Augen zu schließen und nur zu hören, was passiert, z. B. Papier zerknüllen, Stoff mit der Schere durchschneiden, Spielkarten mischen, Mikadostäbe festhalten und dann fallen lassen, würfeln, Nagel in die Korkplatte hämmern.
Nach dieser spielerischen Einführung stellen Sie die Aufgabe.

Aufgaben der Kinder

1. Sucht euch einen Spielpartner.
2. Wählt miteinander eine Spielecke aus, drinnen oder draußen.
3. Schaut euch um, ob genügend Spielmaterial für das Geräuschespiel da ist oder ob ihr noch mehr Sachen holen wollt.
4. Spielt miteinander: Einer macht etwas, der andere schließt die Augen und beschreibt, was er hört.
5. Tauscht immer wieder die Rollen.

Weiterer Spielverlauf

Die Kinder spielen so lange sie wollen. Eine ergänzende Aufgabe ist diese: Nehmt die Geräusche mit dem Kassettenrekorder auf und spielt es den anderen zum Raten vor.

Wenn ich glücklich bin

Ziele und Bedeutung

- Nonverbale Kommunikation
- Selbstreflexion
- Über Gefühle reden
- Körperliche Wahrnehmungen in Sprache übertragen

Kinder nehmen ihre Gefühle mit dem ganzen Körper wahr und reagieren prompt darauf: Wenn sie sich freuen, springen sie in Höhe, wenn sie enttäuscht sind, kauern sie in einer Ecke, wenn sie wütend sind, stampfen sie mit den Füßen. Hier soll diese Wahrnehmung in Sprache übertragen werden. Im Tanz können die Kinder diese nonverbalen körperlichen Gefühlsregungen ausleben, im anschließenden Gespräch die Übertragung auf die verbale Ebene leisten.

Vorbereitung

Die Tanzfläche wird freigeräumt. Rekorder und CD oder Musikkassette liegen bereit. Die Kinder helfen bei diesen Vorbereitungen.

Gruppe: bis zu acht Kinder
Material: einfache Instrumentalmusik als Tanzmusik, Rekorder

Einstimmung

Das Spiel beginnt mit einem Gespräch. Es geht um die körperliche Wahrnehmung der Gefühle, und Ihre Fragen an die Kinder könnten z. B. so lauten: Wenn du dich ärgerst, wie spürst du das? Was würdest du dann am liebsten tun?  Wenn du aufgeregt bist, wo im Körper spürst du das? Wenn du sehr glücklich bist, wie sieht dann dein Gesicht aus? Stell dir vor, es ist etwas passiert, das dich sehr zornig macht, wie stehst du dann da? Mache es vor und sage uns, was du dabei im Körper spürst. Je differenzierter Sie die Fragen formulieren, desto besser können die Kinder ihre Antworten geben. Wenn Sie alle wichtigen Grundgefühle angesprochen und darüber geredet haben, gehen Sie zur Aufgabe über. Wichtige Grundgefühle sind zum Beispiel: glücklich, fröhlich, traurig, zornig, wütend, aufgeregt, beleidigt, erstaunt, überrascht.

Aufgaben der Kinder

1. Ich sage euch ein Gefühl.
2. Die Tanzmusik beginnt und ihr tanzt, als hättet ihr dieses Gefühl.
3. Erfindet dabei Bewegungen, die zu diesem Gefühl passen.
4. Wenn die Musik ausgeschaltet wird, stellt euch zu einem Kreis zusammen.

Weiterer Spielverlauf

 Die Kinder bleiben im Kreis stehen, so dass jeder jeden sehen und hören kann. Sie fragen, wie es den Kindern jetzt nach dem Tanz geht und muntern sie auch auf, ihren Tanz zu beschreiben. Anfangs wird es für die Kinder nicht einfach sein, die nonverbale, emotionale Reaktion und Wahrnehmung auf die verbale Ebene zu transportieren. Doch mit jeder neuen Tanzrunde geht das anschließende Darüber-Reden besser. Die Kinder werden z.B. entdecken, wie sie bei guten Gefühlen beschwingt, leicht und lustig tanzen, und wie sie bei negativen Gefühlen stampfen, die Fäuste ballen und der ganze Körper sich verkrampft.

Linien fühlen

Ziele und Bedeutung

- Formen und Bilder ertasten und benennen
- Übertragung der taktilen Wahrnehmung in Sprache
- Wörter für den Tastsinn
- Absprachen treffen

Ein Abtasten und Befühlen mit den Fingerspitzen fördert die feinmotorische Fertigkeit und taktile Sinneswahrnehmung. Auch das Pricken, also das Einstechen von kleinen Löchern, trainiert feinmotorisches Geschick. Doch die Organisation des Spieles in der Zweiergruppe funktioniert nicht ohne Absprachen und Kompromissbereitschaft.

Vorbereitung

Alle Materialien liegen auf dem Tisch, die Kinder sitzen rundum.

Gruppe: bis zu zehn Kinder
Material: kleine Karten, Stifte, etwas zum Löcher pieksen, z. B. Pricknadel, Ahle, oder große, stumpfe Stopfnadel, Zeitschriften als Prickunterlage

Einstimmung

Vor den Augen der Kinder bearbeiten Sie eine Karte: Sie malen etwas mit einfachen Linien auf die Karte, z. B. eine Welle, einen Kreis, ein Herz, ein Haus, ein Gesicht oder ein Blatt, dann stechen Sie kleine Löcher entlang dieser Linie. Ist die Karte fertig, wird sie im Kreis herum gegeben. Jedes Kind schaut sich die Arbeit an und testet, ob es die Linien auch mit geschlossenen Augen abtasten und spüren kann. Wie kommt es, dass wir mit den Fingern das Bild erkennen können? Ein kurzes Gespräch macht den Kindern den Vorgang dieser Sinneswahrnehmung bewusst. Dann kann die Aufgabe gestellt werden.

Aufgaben der Kinder

1. Wählt euch einen Spielpartner.
2. Jede Gruppe nimmt 6 Karten, einen Stift und eine Nadel.
3. Besprecht miteinander, was ihr malen und ausstechen wollt.
4. Besprecht, wer was macht.
5. Sind alle Karten fertig, spielt das Ratespiel: Einer schließt die Augen und rät, der andere gibt ihm die Karten in die Hand.

Weiterer Spielverlauf

Die Kinder werden sicherlich unterschiedlich lange mit der Aufgabe beschäftigt sein. Ist eine Gruppe fertig, können Sie eine Fortsetzung der Aufgabe vorschlagen: Jeder schreibt seinen Namen auf eine Karte – oder lässt den Namen schreiben – und sticht die Buchstaben aus. Wenn einige Namenskarten beisammen sind, gilt es, mit geschlossenen Augen seine Karte aus den Namenskarten herauszufinden.

Singen

Ziele und Bedeutung

- **Deutlich sprechen**
- **Laut Singen**
- **Freier Vortrag**

Singen fördert eine gute, betonte Aussprache, unterstützt ein tiefes Einatmen und kräftiges Ausatmen und stärkt die Stimme – vorausgesetzt, Sie achten darauf, dass die Kinder sich um einen schönen Gesang bemühen und nicht leise vor sich hin brummen. Dabei kommt es nicht auf den feinen, musikalischen Gesang an, sondern auf den Mut, vor den anderen Kindern aufzutreten und mit lauter Stimme deutlich zu singen. Zu zweit geht das leichter. Die rhythmische Begleitung der anderen Kinder unterstützt die Sänger und baut ihre Hemmungen ab.

Vorbereitung

Die Instrumente liegen auf dem Tisch, die Kinder probieren alle Instrumente aus und lernen dabei, laute und leise Töne zu spielen.

Gruppe: *bis zu acht Kinder*
Material: *Rhythmus-Instrumente wie Trommeln, Zimbeln, Rasseln, Rätschen, Kastagnetten, Triangeln, Klangstäbe*

Einstimmung

Jeder Sänger braucht eine Einstimmung, bevor er loslegen kann, deshalb singen Sie mit den Kindern ein Lied, einfach so und ohne viel Aufhebens. Dann wird es schwieriger: Die Gruppe wird in Sänger und Musiker eingeteilt. Die Sänger stellen sich im Halbkreis auf, die Musiker stehen mit ihren Instrumenten daneben. Die Sänger beginnen mit ihrem Lied und die Musiker begleiten den Gesang mit leise gespielten, freien Rhythmen. Nach diesem Spiel sind bei den meisten Kindern die üblichen Sing- und Spielhemmungen abgebaut. Jetzt kann die Aufgabe gestellt werden.

Aufgaben der Kinder

1. Sucht euch einen Partner zum Singen.
2. Wählt miteinander ein Lied aus, das ihr den anderen vorsingen wollt.
3. Sucht euch eine Ecke, in der ihr ungestört euer Lied üben könnt.
4. Singt und übt das Lied.
5. Wenn ihr mit eurem Gesang zufrieden seid, kommt wieder hierher.

Weiterer Spielverlauf

Sind alle Kinder wieder da, tritt der Reihe nach jede Gruppe auf. Die Reihenfolge klären die Kinder untereinander ab. Wer den Gesang einer Gruppe mit einem Rhythmusspiel unterstützen möchte, holt sich vorher ein Instrument und begleitet dann das Lied mit leisem Spiel.

Tastspiel

Ziele und Bedeutung

- Taktile Wahrnehmung in Worte übertragen
- Wortschatz erweitern
- Handlungen schildern
- Sachverhalte erklären

Vorschulkinder können bei dieser Aufgabe ihr Wissen überprüfen und ihre taktilen Wahrnehmungen mit passenden Beschreibungen unter Beweis stellen. Es geht dabei nicht nur um das Begreifen, im Sinne von Betasten, sondern auch

um das Begreifen im Sinne des Sach- und Sprachverständnisses, denn die Kinder müssen den Namen eines Gegenstandes nennen und beschreiben, was man damit machen kann.

Vorbereitung

Viele Gegenstände werden von den Kindern in einem Korb zusammengetragen. Der Korb wird auf den Boden gestellt, die Kinder setzen sich rundum.

Gruppe: bis zu zehn Kinder
Material: : Tuch oder Schlafbrille, viele Alltagsgegenstände aus Küche, Bad und Gruppenraum, z. B. Kochlöffel, Obstkorb, Becher, Bürste, Malkreiden, Puppenkleid, Würfel

Einstimmung

Sie holen einen Gegenstand aus dem Korb und halten ihn hoch: »Was ist das?« Die Frage scheint überflüssig, jeder kann es sehen. Die nächste Frage ist schon schwieriger: »Wer kann beschreiben, was man damit macht?« Nun ist Sprachfertigkeit gefragt, denn in ganzen Sätzen und verständlichen Ausführungen soll geschildert werden, wie und zu was man diesen Gegenstand braucht. Nach dieser Spielrunde kennen die Kinder schon fast die nachfolgende Aufgabe.

Aufgaben der Kinder

1. Einem Spieler werden die Augen verbunden.
2. Ein Mitspieler holt einen Gegenstand aus dem Korb und überreicht ihn dem Spieler.
3. Der Spieler tastet und rät, was er in der Hand hat und muss auch erklären, was man damit macht.
4. Jetzt erst darf der Spieler die Augenbinde wieder abnehmen und einen neuen Spieler und Mitspieler bestimmen.

Weiterer Spielverlauf

Die Aufgabe ist so gestellt, dass kein Spielleiter mehr notwendig ist, das Spiel organisieren die Kinder selber. Je häufiger die Kinder dieses Spiel machen, desto mehr tritt der sprachliche Trainings- und Lerneffekt ein und die Kinder werden die Gegenstände und deren Handhabung treffender beschreiben können.

Federstreichelspiel

Ziele und Bedeutung

- **Körperteile benennen**
- **Wohlbefinden aussprechen**

Bei diesem Spiel geht es einerseits um den sensiblen Umgang miteinander, andererseits um die konkrete Benennung von Körperteilen. Weil es um die eigene Person geht, ist Selbstbestimmung wichtig: Jeder sagt, mit wem er spielen möchte, was der andere tun darf, wann die Rollen getauscht werden oder das Spiel zu Ende ist.

Vorbereitung

Jedes Kind nimmt eine Feder und streichelt sich damit, vielleicht über die Nase, über den Arm oder am Knie. Die Kinder spüren, wie schön dieses Federstreicheln ist, wenn man es vorsichtig und zart ausführt. Interessanterweise lassen sich auch die wilden Kinder dafür begeistern.

Gruppe: bis zu zehn Kinder
Material: Federn

Einstimmung

Sie fragen die Kinder nach Körperteilen, die weniger bekannt sein könnten, z. B. Fingerspitzen, Ohrläppchen, Ellbogen, Fußknöchel, Haaransatz, Handflächen usw. Wer es weiß, zeigt es den anderen.
Machen Sie die Kinder auch darauf aufmerksam, dass man bei der nachfolgenden Aufgabe sehr vorsichtig miteinander umgeht.

Aufgaben der Kinder

1. Sucht euch einen Spielpartner.
2. Sucht gemeinsam einen Platz aus, wo ihr ungestört spielen könnt.
3. Einer von euch setzt sich auf den Boden, der andere hält die Feder in der Hand.
4. Der eine nennt einen Körperteil, an dem er mit der Feder gestreichelt werden will, der andere streichelt ihn dort.
5. Der eine nennt immer wieder eine andere Körperstelle.

6. Hat einer von beiden genug von diesem Spiel, klatscht er in die Hände und die Rollen werden getauscht.
7. Will einer das Spiel ganz beenden, sagt er es und beide hören auf.

Weiterer Spielverlauf

Wenn die Kinder wollen, können sie sich nach einigen Spielrunden einen anderen Spielpartner aussuchen. Ein andermal kann man statt der Feder ein Chiffontuch nehmen.

Gehen - Hüpfen - Springen

Ziele und Bedeutung

- **Wortschatz erweitern**
- **Bewegungen benennen**
- **Beobachtungen schildern**

Wie unterschiedlich und vielseitig der Mensch sich bewegen kann, und dass jede Bewegung in ihrer Differenzierung beschrieben und definiert werden kann, das wird den Kindern bei dieser Aufgabe bewusst. Da gibt es nicht nur ein

Gehen, sondern auch ein Schlendern, Schleichen, Schlürfen, Stampfen usw. Diese Wortvielfalt können die Kinder am besten verstehen, wenn sie die entsprechenden Bewegungen selber ausführen und dadurch die Unterschiede auch mit der Wahrnehmung des Körpersinns spüren.

Vorbereitung

Es ist sinnvoll, wenn Sie für sich eine Wörterliste für die unterschiedlichen Fortbewegungsarten zusammenstellen, um eventuell den Kindern mit besonderen Begriffen auszuhelfen.
Die Kinder treffen sich draußen im Garten an einem Platz, wo sie springen und hüpfen können.

Gruppe: bis zu zehn Kinder

Einstimmung

»Wie heißt das, was ich mache?« fragen Sie die Kinder und hüpfen mit beiden Beinen im Kreis herum. Manche Kinder werden Ihnen sofort hinterher hüpfen, andere werden nur schauen, überlegen und antworten. Beides ist richtig, das Nachahmen und das Benennen der Fortbewegungsart. »Und welche Tiere bewegen sich so?« lautet Ihre nächste Frage, bei der Sie jetzt stehen bleiben, damit die Kinder besser nachdenken und Ihnen antworten können. Die Antworten »Frosch«, »Känguru«, »Katze, wenn sie eine Maus fängt« sind alle richtig und die Aufgabe schon fast erklärt.

Aufgaben der Kinder

1. Ein Spieler macht eine Bewegung vor.
2. Wer weiß, wie diese Bewegung heißt, spielt mit, darf aber nichts sagen.
3. Wenn alle mitspielen, bleibt der Spieler wieder stehen.
4. Wer will, nennt jetzt die Bewegungsart.
5. Wer will, nennt danach ein Tier, das sich so bewegt.
6. Zum Schluss bestimmt der Spieler, wer als nächstes dran ist und eine neue Bewegung vormacht.

Weiterer Spielverlauf

Die Aufgabe ist so gestellt, dass die Kinder den Spielverlauf selber organisieren können und ein Spielleiter überflüssig ist. Vielleicht wollen die Kinder noch weitere Spielregeln hinzufügen?

Lange Wörter, kurze Wörter

Ziele und Bedeutung

- Sprachgefühl entwickeln
- korrekte Aussprache üben
- Wortsilben erkennen
- Zusammengesetzte Wörter

Der Reiz des Spieles liegt darin, immer längere Wörter zu suchen und fehlerfrei auszusprechen. Klatschen die Kinder während des Sprechens gleichzeitig in die Hände, fällt das Sprechen leichter, denn die Mundmotorik wird durch die begleitende Handbewegung unterstützt. Auch das Gehen, das bei dieser Aufgabe hinzukommt, unterstützt die Aussprache. Händeklatschen und Wegstrecke machen die Wortlänge hörbar und anschaulich.

Vorbereitung

Treffpunkt ist eine Ecke, wo ausreichend Platz zum Gehen ist.

Gruppe: bis zu sechs Kinder

Einstimmung

Sie erklären den Kindern, dass es lange und kurze Wörter gibt. Sie sprechen sehr langsam und betont ein kurzes Wort aus, z. B. Hut, und danach ein langes Wort, z. B. Regenmantelreißverschluss. Dann wiederholen sie beide Wörter und klatschen dazu. Dann sagen Sie ein drittes Mal beide Wörter, klatschen dazu und gehen bei jeder Silbe einen Schritt vorwärts. Damit haben Sie alle wichtigen Punkte der Aufgabe vorgespielt, die sie nun verbal stellen.

Aufgaben der Kinder

1. Wer ein langes Wort weiß, meldet sich.
2. Wenn du an der Reihe bist, sage das Wort laut und klatsche dabei in die Hände, als würden die Hände mitreden.
3. Sage noch einmal das Wort, klatsche und gehe dazu.
4. Alle Kinder machen es nach.
5. Dann kommt ein anderes Kind an die Reihe.

Weiterer Spielverlauf

Bleiben Sie anfangs bei den Wörtern für Kleidungsstücke. Denn dabei kann man auf die genannten Teile zeigen und jedes Kind versteht, wovon die Rede ist. Wechseln sie nach ein paar Spielrunden zu anderen Themengruppe, z. B. Tiere, Farben oder Spielsachen.

Das Ding

Ziele und Bedeutung

- Sprachkonzentration
- Ausdrucksfähigkeit verbessern
- Wortschatz erweitern
- Zuhören

Jedes Ding hat seinen Namen, das können Sie den Kindern bei diesem Spiel zeigen. Die Sprachleistung der Kinder besteht darin, einen Gegenstand nur mit Worten zu beschreiben, und die Mitspieler stellen sich in Gedanken vor, um welches Ding es sich handelt. Da heißt es für den einen gezielt seinen Wortschatz einsetzen und für die anderen gut zuhören.

Vorbereitung

Alle Kinder sitzen im Kreis, sodass sich jeder von seinem Platz aus im Raum umschauen kann.

Gruppe: bis zu zehn Kinder

Einstimmung

Mit diesen Worten beginnen Sie: »Wer kann mir das Ding bringen?« und machen dazu eine ernsthafte Miene. Aufmunternd schauen Sie in die Runde und wundern sich sehr, dass keines der Kinder weiß, um was es geht. Warten Sie, bis ein Kind endlich die Frage stellt: »Was meinst du denn?« Erst jetzt beschreiben Sie Ihr Ding genauer: »Das Ding ist aus Holz, es hat vier Beine, man kann sich darauf setzen. Wer weiß, was ich meine?« Wer jetzt das Spiel verstanden hat, wird auch die Aufgabe verstehen.

Aufgaben der Kinder

1. Ein Spieler geht im Raum umher und schaut sich nach etwas um, das er beschreiben will. Er darf es nicht verraten!
2. Er kommt in den Kreis zurück und beschreibt das Ding nur mit Worten. Aber er darf den Namen nicht sagen.

3. Die Mitspieler raten, welches Ding gemeint ist. Sie dürfen Fragen stellen.
4. Wer es herausbekommen hat, ist der nächste Spieler.

Weiterer Spielverlauf

Sollte einem Kind die Beschreibung seines Gegenstandes schwer fallen, weil ihm die Worte fehlen, dann helfen Sie mit gezielten Fragen weiter, z. B. »Ist das Ding groß?«, »Ist es weich?«, »Was kann man damit machen?«. Schwieriger wird die Aufgabe, wenn sich der Spieler ein Ding außerhalb des Gruppenraums ausdenkt und die anderen raten lässt, an was er denkt. Dabei sollte der Spieler Ihnen zu Beginn das Wort ins Ohr flüstern.

Zeichen und Wappen

Ziele und Bedeutung

- Symbole erkennen
- Bildmotive unterscheiden
- Schriftzeichen gestalten
- Einzelne Buchstaben schreiben

Die Kinder betrachten Zeichen und Symbole, Logos und Marken-zeichen. Sie vergleichen dabei die Bildmotive und Schriftzeichen, die Formen und Farben und bewerten, was ihnen gefällt oder nicht.
Das alles findet auf sprachlicher Ebene statt und trainiert die sachliche und emotionale Aus-drucksfähigkeit.

Vorbereitung

Das Material liegt ausgebreitet auf dem Tisch.

Gruppe: bis zu vier Kinder
Material: Papier, Malstifte, Sche-re, Klebstoff, Locher, Wollfaden, viele Dinge mit wiedererkenn-baren Zeichen und Symbolen, z.B. Markenzeichen auf Kleidungen, Stadtwappen auf Touristeninfor-mationen, Zeichen auf Münzen, Verlags-Logo auf Büchern, Zeichen am Erste-Hilfe-Kasten, Pfeile für Wegführungen, Visitenkarten etc.

Einstimmung

Sie besprechen miteinander die Zeichen und Symbole, beschreiben, was zu sehen ist, beachten auch Formen oder Farben. Fragen Sie immer wieder die Kinder nach deren Meinung, was ihnen gefällt und warum. So sind die Kinder bestens auf die schwierige Aufgabe vorbereitet

Weiterer Spielverlauf

Die Kinder können ihre Wap-pen ausschneiden, auf einen Karton kleben und an einem Faden an ihrem Kleiderhaken aufhängen. Da wollen die anderen Kinder gleich wissen, was das für ein Bild ist. Die Fortsetzung der Aufgabe ist die Erklärung des Wappens.

Aufgaben der Kinder

1. Suche ein Zeichen aus, das dir besonders gut gefällt, und male es ab. Das ist dann dein Wappen.
2. Komm zu mir, ich schreibe dir die Anfangsbuchstaben deines Namens auf einen Zettel.
3. Überlege, an welche Stelle im Wappen deine Buchstaben gut passen.
4. Schreibe die Buchstaben in dein Wappen.
5. Male dein Wappen bunt an.

Bauanleitung

Ziele und Bedeutung

- Räumliches Denken
- Eindeutige Anweisungen geben
- Bildliche Vorstellungen in Worte fassen
- Anleitungen hören und verstehen

*Ein Architekt gibt seine Anweisungen, der Bauarbeiter führt sie aus. Diese Aufgabe klingt einfach, ist aber recht schwierig! Denn der Architekt muss klare Vorstellungen von seinem Bauwerk haben, um ebenso klare Anweisungen geben zu können. Er muss in räumlichen Dimensionen denken und Worte gebrauchen wie **darüber, daneben, weiter weg, näher heran**. Der Bauarbeiter muss genau zuhören und exakt das tun, was der Architekt verlangt. Nur so kann das Bauwerk gelingen.*

Vorbereitung

Die Kinder teilen sich in Zweiergruppen auf und holen sich jeweils eine Kiste voller Bausteine. Sie wissen auch, dass sie jederzeit mehr »Baumaterial« holen können.

Gruppe: bis zu zehn Kinder
Material: Bausteine, Bauklötze oder Legosteine

Einstimmung

Da das Spiel nicht einfach ist, verstehen die Kinder die Aufgabe besser, wenn Sie zeigen, wie es geht. Ein Kind ist Ihr Helfer. Sie sind der Architekt und wollen einen Turm bauen. Das verraten Sie aber nicht, sondern geben nur Bauanleitungen, wie z. B.: »Lege fünf Bauklötze zu einem engen Kreis. Lege als zweite Reihe auf jede Lücke einen neuen Bauklotz. Baue eine dritte Reihe mit Bauklötzen, lege diese immer auf die Lücken ...«. Ist der Turm fertig, bedanken Sie sich mit Handschlag bei ihrem Bauarbeiter und erklären den Kindern, dass die Aufgabe genauso funktioniert wie dieses Spiel. Jetzt haben die Kinder das gute Gefühl, diese Aufgabe bewältigen zu können.

Aufgaben der Kinder

1. Schließt euch zu Zweiergruppen zusammen.
2. Entscheidet, wer Architekt und wer Bauarbeiter ist.
3. Sucht euch einen Bauplatz aus.
4. Der Architekt sagt dem Bauarbeiter, was zu tun ist.
5. Ist das Bauwerk fertig, lasst es stehen, dann können wir am Schluss alle Bauwerke besichtigen.

Weiterer Spielverlauf

Bei der Besichtigung erzählt jede Gruppe, wie es ihnen ergangen ist, was schwierig und was einfach war.

Flüsterspiel

Ziele und Bedeutung

- Genaues Zuhören und Wiedergeben
- Deutlich sprechen

Bei diesem Flüsterspiel heißt es genau zuhören, sich jeden Satz gut einprägen, in richtiger Reihenfolge die Aussagen im Gedächtnis behalten, einem anderen leise und dennoch mit deutlicher Aussprache die Geschichte so erzählen, dass der sie gut versteht und ebenso weitersagen kann.
Das alles sind sprachliche Leistungen, welche die Kinder bei dieser Aufgabe üben.

Vorbereitung

Die Kinder sitzen anfangs im Kreis.

Gruppe: *bis zu zehn Kinder*
Material: *Redestab*

Einstimmung

Beginnen Sie mit dem altbekannten Spiel »Stille Post«: Sie flüstern einem Kind ein langes Wort ins Ohr. Dann geht die Flüsterkette weiter, von einem zum andern. Was am Schluss in Ihr Ohr geflüstert wird, ist meistens ein neues Wort, zur Freude aller Mitspieler. Doch nun wird es ernst. Sie fragen die Kinder, woran es wohl liegt, dass ein anderes Wort bei Ihnen angekommen ist. Das sollen die Kinder selber herausfinden. Dadurch wird deutlich, worauf es bei der Aufgabe ankommt: Deutlich reden, langsam sprechen bzw. flüstern, nicht zu nahe an der Ohrmuschel des andern flüstern, das kitzelt nur und man versteht nichts mehr, und vor allem gut zuhören.

Aufgaben der Kinder

1. Ihr verteilt euch im Raum und setzt euch hin.
2. Ich flüstere einem von euch eine kurze Geschichte ins Ohr.
3. Derjenige geht zu einem Mitspieler und flüstert ihm die Geschichte ins Ohr.
4. Danach gehen diese beiden Spieler zu zwei anderen Kindern, die noch sitzen und flüstern die Geschichte in deren Ohr.
5. Das geht so lange weiter, bis kein Kind mehr am Boden sitzt.
6. Dann treffen wir alle uns im Kreis.

Weiterer Spielverlauf

Alle Kinder erzählen der Reihe nach laut, was sie gehört haben oder von der Geschichte noch wissen. Ein Redestab kann bei dieser Erzählrunde nützlich sein. Wer diesen Stab in der Hand hält, der spricht, und wenn er fertig ist, gibt er den Stab weiter.

Als ich klein war

Ziele und Bedeutung

- Zeitverständnis
- Unterscheidung früher – heute
- Erzählen

Bei Kindern entwickelt sich erst allmählich das Zeitverständnis. Es muss erst die so genannte »magisch-mystische Phase« durchlebt werden, bevor ein Kind Fantasie und Realität trennen und zwischen Vergangenheit, Gegenwart und Zukunft unterscheiden kann. Vorschulkinder sollten dazu in der Lage sein. Bei dieser Aufgabe bekommen sie noch einmal die Gelegenheit, dies auf der sprachlichen Ebene zu üben.

Vorbereitung

Die Bücher oder Zeitschriften liegen auf dem Tisch. Die Kinder suchen nach Baby-Bildern.

Gruppe: vier bis sechs Kinder
Material: Bücher oder Zeitschriften, die Fotos von Babys und Kleinkindern enthalten, Redestab (wer ihn in der Hand hat, darf reden)

Einstimmung

Die Kinder vergleichen die Bilder und überlegen, wie alt wohl die Babys auf den Bildern sind. Mit gezielten Fragen können Sie das Gespräch in Gang bringen, z. B.: »Können die Babys schon gehen?«, »Isst das Baby schon alleine mit dem Löffel?«, »Ob das Baby wohl schon ein Bild mit Farbstiften malen kann?« Und Ihre letzte Frage leitet zur Aufgabe über: »Erinnert ihr euch an die Zeit, als ihr sehr klein gewesen seid?«

Aufgaben der Kinder

1. Wer kann etwas von der Zeit erzählen, als er noch klein war?
2. Gebt mir ein Zeichen und ich gebe euch den Redestab.
3. Wer mit seiner Erzählung fertig ist, schaut sich um und gibt demjenigen den Redestab weiter, der jetzt etwas erzählen möchte.

Weiterer Spielverlauf

Sie fordern die Kinder auf, zu Hause nach einem eigenen Baby-Foto zu suchen und dieses mitzubringen. So kann am andern Tag eine weitere Gesprächsrunde zu dem Thema »Als ich klein war« stattfinden. Jetzt könnten auch Sie ein Babybild dabeihaben und von ihrer Kindheit eine kleine Geschichte erzählen. Eine gute Chance, ein sprachliches Vorbild zu geben und darauf zu achten, in der Vergangenheitsform zu erzählen.

Wenn ich groß bin

Ziele und Bedeutung

- Wunschvorstellungen präzisieren
- Fantasien in Sprache umsetzen
- Grammatik richtig anwenden
- Zeitverständnis

Zukunftsfantasien haben eine eigene grammatikalische Zeitform: Futur oder Konjunktiv. Diese Aufgabe gibt den Kindern einen Anlass, ihre Sätze in diesen grammatikalischen Formen zu bilden, die vagen Vorstellungen zu kon- *kretisieren, die bunten Bilder der Zukunftsfantasien in Sprache umzusetzen und das allen anderen mitzuteilen.*
Die Bastelarbeit hilft bei der Umsetzung von gedanklichen Vorstellungen in visuelle Bilder.

Vorbereitung

Gemeinsam mit den Kindern suchen Sie die Bastelsachen zusammen und breiten alles auf einem Tisch aus, damit die Kinder sehen können, mit welchen Materialien sie nachher arbeiten können.

Gruppe: vier bis sechs Kinder
Material: große Bögen Packpapier oder lange Stücke einer Tapetenrolle, Stifte, Scheren, Fingerfarben oder dicke Filzstifte, Stoffe, Buntpapiere, Schmuckpapiere aller Art

---

Einstimmung

Sie setzen sich mit den Kindern in eine gemütliche Ecke, wo man ungestört miteinander plaudern und fantasieren kann. Beginnen Sie einfach ein Gespräch und erzählen Sie von den Traumberufen, die Sie als Kind hatten. Vielleicht Tänzerin, Lehrerin oder Zuckerbäckerin? Oder wollten Sie schon immer Erzieherin werden? Dann fragen Sie reihum die Kinder, was diese einmal werden wollen. Jeder sollte eine Antwort geben. Wem nichts einfällt, dem helfen Sie auf die Sprünge und sagen ihm, was er im Kindergarten besonders gut kann. Das könnte zu ersten Ideen für einen zukünftigen Beruf animieren. Danach geht es an die Aufgabe:

Aufgaben der Kinder

1. Sucht euch einen Spielpartner.
2. Jeder macht von sich selbst eine Papierfigur.
3. Ihr helft euch gegenseitig bei der Papierfigur: Einer legt sich auf das Papier, der andere zeichnet mit dem Bleistift am Körper entlang eine Linie.
4. Jeder schneidet seine Figur aus und malt sein Gesicht darauf.
5. Dann malt oder beklebt jeder seine Papierfigur so, wie er später in seinem Beruf einmal aussehen wird.

Weiterer Spielverlauf

Sind alle Papierfiguren fertig, werden sie an einer Wand befestigt. Dort ist der Treffpunkt für die nächste Gesprächsrunde. Jedes Kind beschreibt sein Abbild, erklärt seine Kleidung und was er in diesem Beruf alles tun wird oder gern tun würde. Muntern Sie die Kinder dazu auf, bei ihren Beschreibungen immer wieder auch Formulierungen einzusetzen wie z. B. »Ich werde …«, »Ich denke mir …«, »Ich könnte …«

Geschichtenbuch

Ziele und Bedeutung

- Erzählen
- Ausgedachtes in Worte fassen
- Vollständige Sätze formulieren
- Diktieren
- Schöne Worte finden

Die Kinder erzählen eine Geschichte, die sie selber erfinden. Jeden Tag ist ein anderes Kind an der Reihe, sich eine Fortsetzung auszudenken. Die Kinder diktieren ihren Text, was zu hohen sprachlichen Leistungen herausfordert: In ganzen Sätzen

sprechen, einen guten Ausdruck finden, schöne Worte wählen, sich auf den Verlauf der Geschichte konzentrieren, im Gedächtnis behalten, was man alles sagen möchte, langsam und deutlich sprechen. Die Kinder erleben, dass ihre Aussagen ernst genommen, ihre Worte wörtlich aufgeschrieben und später sogar vorgelesen werden.

Vorbereitung

Sie räumen Ihren Schreibtisch frei für das Diktat oder stellen einen extra Tisch auf, der in nächster Zeit nur als Schreibtisch benutzt wird.

Gruppe: bis zu zehn Kinder
Material: Reinschreibbuch oder Tagebuch oder bunter Ordner mit Schreibblättern, je nachdem, ob Sie per Hand, mit der Schreibmaschine oder per Computer die Geschichte der Kinder aufschreiben wollen.

Einstimmung

»Geschichten werden erzählt, einer erzählt sie dem anderen. Manche schreiben die Geschichten auf und lesen sie dann vor, manche machen ein Buch daraus, manche malen Bilder dazu. Aber die Entstehung einer Geschichte ist immer gleich: Einer erzählt, was er tatsächlich erlebt hat oder sich ausdenkt.« So oder ähnlich könnten Sie die Einführung geben und mit dem Satz enden: »Das können wir auch! Wir erfinden eine Geschichte!«.

Aufgaben der Kinder

1. Wir erfinden eine Geschichte, die jeden Tag länger wird.
2. Jeden Tag ist ein anderes Kind an der Reihe und erfindet eine Fortsetzung der Geschichte.
3. Jeden Tag werde ich die Geschichte zuerst vorlesen und wir entscheiden miteinander, wer weitererzählen darf.

4. Jeden Tag gehe ich mit dem neuen Geschichtenerzähler zum Schreibtisch, er erzählt mir die Fortsetzung der Geschichte und ich schreibe alles auf.
5. Die Geschichte ist zu Ende, wenn jeder von euch einmal Geschichtenerzähler war.

Weiterer Spielverlauf

Wenn die Kinder Bilder zu ihrer Geschichte malen wollen, können Sie im Tagebuch jeweils eine Seite für ein Bild frei lassen oder in den Ordner die Bilder bei den entsprechenden Textstellen einheften. Erfahrungsgemäß wird diese Geschichte lange Zeit die Lieblingsgeschichte der Kinder sein.

Zeichen

Ziele und Bedeutung

- Zeichen und Symbole kennen lernen
- Symbolverständnis
- Schriften kennen lernen
- Buchstaben schreiben

Zur Sprache gehört auch die Schrift, sie visualisiert das gesprochene Wort und hält fest, was akustisch vergänglich ist. Um die Aufmerksamkeit der Kinder nicht einseitig auf das Schreiben in unseren, also lateinischen, Druckbuchstaben zu fixieren,

lernen die Kinder verschiedene und teilweise recht fremdartig aussehende Schriftzeichen kennen, auch die Notenschrift.
Mit der Aufgabe, ein besonders schönes Zeichen abzumalen, wird der Blick auf die Details einer Schrift gelenkt.

Vorbereitung

Sie hängen Abbildungen von verschiedenartigen Schriftzeichen so an die Wand, dass die Kinder die Zeichen gut betrachten können.

Gruppe: bis zu zehn Kinder
Material: Schreibpapiere, Bleistifte, Abbildungen oder Kopien z. B. von Klaviernoten, Flötennoten, Runenzeichen, Schreibschrift, Druckbuchstaben, Schriftzeichen fremder Sprachen wie griechisch, russisch (kyrillisch), chinesisch oder arabisch.

Einstimmung

Die Kinder schauen gemeinsam jedes Blatt an und erklären, was ihnen bei den verschiedenen Zeichen auffällt. Dabei werden die Kinder auf die Unterschiede oder Besonderheiten aufmerksam. Sind alle Blätter kommentiert worden, kann die Aufgabe gestellt werden.

Weiterer Spielverlauf

Wenn den Kindern diese Aufgabe Spaß gemacht hat, können Sie den Kindern die Zusatzaufgabe stellen, ein Zeichen zu erfinden.

Aufgaben der Kinder

1. Jeder sucht sich ein besonders schönes Zeichen aus.
2. Zeigt mir das Blatt, auf dem dieses Zeichen zu sehen ist, und ich mache eine Kopie davon.
3. Jeder bekommt seine Kopie und malt dieses Zeichen ab.
4. Jeder hängt sein gemaltes Zeichenbild neben die anderen Zeichenblätter an die Wand.

Bilderlexikon

Ziele und Bedeutung

- Wortschatz erweitern
- Schriftzeichen kennen lernen
- Buchstaben betrachten

Im Bilderlexikon, das sich jedes Kind selbst anlegt, kommen Sprache, Bilder und Buchstaben zusammen. Wie intensiv sich das Kind damit beschäftigen will, kann es selbst bestimmen. Bei dieser Aufgabe geht es um ein

Kennenlernen und ganzheitliches Erfassen der Buchstabenketten. Die Kinder verstehen, dass Sprache und geschriebene Buchstaben zusammengehören und dass durch die Schrift ein gesprochenes Wort für immer sichtbar bleibt.

Vorbereitung

Die Kinder sitzen rund um den Tisch, die Materialien liegen griffbereit.

Gruppe: bis zu zehn Kinder
Material: Zeitschriften und Prospekte, Scheren, Schreibpapiere, dicke Filzstifte, Schnellhefter für jedes Kind, Locher

Einstimmung

Sie blättern in einer Zeitschrift, bis Sie ein Bild finden, das Ihnen gefällt, z. B. eine Katze, ein Auto oder eine Blume. Dieses Bild schneiden Sie mit groben Schnitten aus und fragen dabei die Kinder: »Was ist das?« Die Kinder wissen sicher die Antwort und ihre Aufmerksamkeit ist geweckt.

Aufgaben der Kinder

1. Jeder sucht sich ein Bild aus.
2. Jeder schneidet es aus und klebt es auf ein Blatt.
3. Kommt damit zu mir und sagt mir, welches Wort ich unter das Bild schreiben soll.
4. Locht das Blatt mit dem Locher.
5. Heftet das Blatt in euer Lexikonheft.
6. Gestaltet auf diese Weise so viele Blätter, wie ihr wollt.

Weiterer Spielverlauf

Jedes Kind legt sich also ein Bilderlexikon an. Alle Schnellhefter werden an einen bestimmten Ort gelegt. Jedes Kind kann mit seinem Bilderlexikon weiterarbeiten, so oft es will. Wenn ein Kind dann zu Ihnen kommt, damit Sie den Begriff dazu schreiben, blättern Sie auch ein wenig im Bilderlexikon und schauen mit dem Kind die anderen Bilder an. Animieren Sie die Kinder, sich gegenseitig ihre Lexikonhefte zu zeigen und zu erklären.

Garten - Expedition

Ziele und Bedeutung

- Absprachen treffen
- Berichten
- Beschreiben
- Raumvorstellung

Gemeinsam gehen die Kinder auf Expedition, aber jeder hat eine eigene Aufgabe dabei zu erledigen. Wer mit wem zusammen loszieht und was man dazu braucht, das regeln die Kinder untereinander, auch das gehört zur Aufgabe. Die Kinder müssen sich ihre Fundorte

gut einprägen, um sie den anderen zu beschreiben. Folglich ist neben der Sprachfertigkeit einer Sachbeschreibung auch das Raumverständnis gefragt.

Vorbereitung

Malen Sie auf Spielkarten verschiedene Dinge der Natur, die im Garten des Kindergartens zu finden sind, z. B. großes Blatt, kleines Blatt, blaues Blütenblatt, rotes Blütenblatt, Zweig, Ast, runder Kieselstein, eckiger Stein, Erde, Sand, Wasser usw. Auf jeder Karte ist ein Gegenstand zu sehen.

Gruppe: bis zu zehn Kinder
Material: Karten in Postkartengröße, Farbstifte

Einstimmung

»Was ist ein Forscher?«, »Was macht er?«, »Hat er Abenteuer zu bestehen?« Ein kurzes Gespräch darüber kann die Kinder auf die nächste Aufgabe vorbereiten. Jetzt sind die Kinder Forscher, die den Garten erkunden.

Weiterer Spielverlauf

Sie bereiten ein Plakat vor mit der Überschrift: »Fundstücke im Garten« oder »Gartenexpedition«. Darauf kleben die Kinder nach ihrer Vorstellung ihre Karten und die dazugehörigen Fundstücke.

Aufgaben der Kinder

1. Jeder nimmt sich eine Karte und schaut nach, was darauf abgebildet ist. Das muss er im Garten suchen und mitbringen.
2. Der Reihe nach sagt jeder, was auf seiner Karte zu sehen ist.
3. Die Kinder, die etwas ähnliches suchen, schließen sich zu einer Gruppe zusammen.
4. Wenn alle zurück sind, geht das Spiel weiter.
5. Dann erzählt jeder, an welcher Stelle er seinen Fund gemacht hat.

Tiere

Ziele und Bedeutung

- Informationen mitteilen
- Wissen zusammentragen
- Gruppengespräch führen
- Vortragen

Bei dieser Aufgabe üben sich die Kinder in eigenständiger Gesprächsführung, kein Erwachsener lenkt das Gruppengespräch. Jeder sagt, was er weiß, alle tragen zum Wissen bei. Der eine berichtet, der andere ergänzt die Aussage oder korrigiert den Bericht. Es kann auch ein Gruppensprecher stellvertretend für alle reden. Die Entscheidung der Vortragsweise wird den Kindern überlassen. Bei diesem Spiel geht es nicht um richtige oder falsche Aussagen, die gelobt oder gerügt werden, sondern um das gemeinsame »Fachgespräch« und das Vortragen.

Vorbereitung

Die Kinderschar sitzt im Kreis.

Gruppe: bis zu zehn Kinder

Einstimmung

Es gilt, die Kinder für die Gruppenarbeit zu motivieren, damit sie Lust bekommen, ihr Wissen untereinander auszutauschen und interessiert den Berichten der anderen zuzuhören.
Als erstes fordern Sie die Kinder auf, sich in kleinen Gruppen zusammenzuschließen. Sitzen die Gruppen beieinander, stellen Sie sich in die Mitte und erklären mit ausdrucksvoller Stimme die Aufgabe. Damit geben Sie zugleich ein Vorbild, was es heißt, den anderen etwas vorzutragen.

Aufgaben der Kinder

1. Jede Gruppe wählt ein Tier aus, über das sie sprechen möchte.
2. Stimmt ab, welches Tier ihr nehmen wollt.
3. Jeder überlegt, was er über das Tier weiß, z. B. wo es lebt, wo es schläft, was es frisst, ob es groß oder klein ist, wie es sich bewegt.
4. Jeder erzählt den anderen, was er weiß.
5. Merkt euch alles, was ihr miteinander besprochen habt.
6. Wenn ich ein Zeichen gebe, hört mit eurem Gruppengespräch auf.
7. Der Reihe nach berichtet jede Gruppe von ihrem Tier.

Weiterer Spielverlauf

Ein andermal könnten nur die Zootiere das Gesprächsthema sein, oder Dinosaurier oder Haustiere oder Tiere eines Bauernhofes. Sollten die Kinder etwas nicht wissen oder etwas Falsches behaupten, dann unterbrechen Sie den Vortrag der Gruppe nicht, sondern fragen später, ob die Kinder mit Ihnen in einem Tierbilderbuch oder Kinderlexikon nach dem Tier suchen wollen. Den dazugehörigen Text lesen Sie dann einfach vor, und die Kinder bemerken vielleicht selber ihren Irrtum.

Mandarine

Ziele und Bedeutung

- Wahrnehmen mit allen Sinnen
- Sachliche Beschreibung
- Berichten
- Erkenntnisse austauschen

Die Kinder arbeiten in Zweiergruppen. Das bedeutet, dass sie absprechen müssen, wie sie die Aufgabe erledigen wollen und wer dabei welche Arbeit übernimmt. Sie werden sich nur mit einem Gegenstand beschäftigen, diesen mit allen Sinnen wahrnehmen und mitteilen, was sie entdecken. Das erfordert Konzentration und sprachliches Geschick.

Vorbereitung

Die Mandarinen liegen auf dem Tisch, die Kindergruppe sitzt rundum.

Gruppe: bis zu zehn Kinder
Material: Mandarinen, Papier, Farben, Stifte, Küchenwaage (digital)

Einstimmung

Die Aufgabe ist anspruchsvoll, deshalb macht es Sinn, die Kinder neugierig zu machen, damit sie sich auf die Sache konzentrieren. So z. B. könnte Ihre Motivation gelingen: Sie nehmen eine Mandarine, schnuppern aufmerksam daran und geben die Frucht weiter mit dem kurzen Satz: »Riech mal!« Ist die Mandarine wieder bei Ihnen angekommen, tasten Sie mit den Fingerspitzen interessiert die Schale ab, dann geben Sie die Frucht wieder im Kreis herum mit der kurzen Aufforderung: »Fühl mal!« Ist die Mandarine wieder bei Ihnen gelandet, können Sie zur Aufgabe überleiten: »Es gibt viele Möglichkeiten, eine Mandarine genau zu untersuchen. Und das ist die Aufgabe!«

Aufgaben der Kinder

1. Wählt einen Spielpartner.
2. Nehmt eine Mandarine und sucht euch einen ruhigen Platz für euer Experiment.
3. Malt die Mandarine ab.
4. Wiegt die Mandarine und schreibt die Zahlen des Gewichtes auf das Blatt.
5. Öffnet die Mandarine und malt alle Teile, die ihr unter der Schale entdecken könnt, auf das Blatt.
6. Zum Schluss esst die Mandarine auf und findet ein Wort für den Geschmack.

Weiterer Spielverlauf

Haben alle Gruppen die Aufgabe ausgeführt, findet wieder ein Treffen am Tisch statt. Die Gruppen berichten von ihren Ergebnissen und zeigen ihre Bilder.

Erdebilder

Ziele und Bedeutung

- Ideen austauschen
- Vermutungen aussprechen
- Ergebnisse berichten

Die Kinder bekommen eine Aufgabe, bei der ihnen anfangs nicht klar ist, ob diese zu lösen ist. Jeweils zwei Kinder experimentieren miteinander, so kommen Handlung und Sprache zusammen. Die Kinder werden ihre Vermutungen austauschen, sich dabei absprechen und ihre Absichten mitteilen, die Ergebnisse ihrer Experimente besprechen und sich gegenseitig mit ihren Ideen animieren.

Vorbereitung

Die Papiere liegen zur Auswahl bereit.

Gruppe: bis zu zehn Kinder
Material: Zeichenpapiere und weiße Tapeten mit unterschiedlichen Oberflächenstrukturen

Einstimmung

Machen Sie es spannend in dem Sie z. B. erklären, dass Sie darüber gelesen hätten und es nicht so recht glauben würden, dass man mit Erde malen könne.

Aufgaben der Kinder

1. Stellt euch zu Zweiergruppen zusammen.
2. Überlegt, wie man mit Erde malen kann.
3. Probiert alles aus, was euch dazu einfällt.
4. Holt die Materialien, die ihr dazu braucht.
5. Wenn ihr mit euren Ergebnissen zufrieden seid, beendet eure Arbeit und räumt alles wieder auf.
6. Dann kommt zu mir.

Weiterer Spielverlauf

Die Kinder rücken mit ihren Erdebildern an, Sie hängen die Bilder an die Wand. Sind alle Kinder wieder zurück, berichtet jede Gruppe den anderen, was sie entdeckt und ausprobiert hat und wie das Malen mit der Erde am besten geht.

Nur zu Ihrer Information: Man kann wirklich mit Erde malen, z. B. dicke Erdkrümel wie Kreide auf dem Papier verreiben oder Erde mit Wasser zu einem Brei verdünnen und wie Fingerfarben verstreichen. Allerdings wird nach dem Trocknen dieser Wasser-Erde-Mischung die trockene Erde wieder herunterrieseln. Besser geht es, wenn Erde mit Wasser und Tapetenkleister zu einer Art Kleisterfarbe vermischt wird. Je nach Farbton der Erde wird das Erdebild rot, gelb hellbraun, dunkelbraun oder schwarz werden.

Experiment

Ziele und Bedeutung

- Überlegungen zur Sprache bringen
- Sachliche Aussagen machen
- Andere zu Wort kommen lassen
- Zuhören

Dies ist ein Experiment mit Wasser und Luft und so verblüffend, dass es die Kinder animiert, die Begründung dafür herauszufinden. Die Kinder werden ihre Vermutungen aussprechen und ihre Erklärungen sachlich begründen, und zwar so, dass die anderen verstehen, was sie meinen. Das ist die sprachliche Leistung der Kinder. Die sind jedoch in erster Linie daran interessiert, den Trick aufzuklären, alles andere passiert nebenbei und unbewusst.

Vorbereitung

Die Kinder versammeln sich um den Tisch, auf dem die Schüssel steht. Sie bitten die Kinder, die Schüssel mit Wasser zu füllen. Wie sie das machen, bleibt ihnen überlassen.

Gruppe: *vier Kinder*
Material: *große, durchsichtige Wasserschüssel, kleines Glas, Papiertaschentuch*

Einstimmung

Das Experiment beginnt: Sie knüllen das Papiertaschentuch zusammen und stecken es tief in das Glas, so dass kein Zipfel herausschaut. Sie tauchen das Glas mit der Öffnung nach unten samt Taschentuch senkrecht ins Wasser ein und tauchen es ganz unter Wasser. Achtung, nicht schief halten, damit keine Luft entweichen und kein Wasser eindringen kann. Dann ziehen Sie das Glas wieder senkrecht aus dem Wasser, holen das Taschentuch hervor und die Kinder überprüfen, dass es nicht nass geworden ist.
Wie kommt das? Die Kinder überlegen und raten und sind jetzt hochmotiviert für die Aufgabe.

Aufgaben der Kinder

1. Wer eine Erklärung für diese Zauberei hat, der meldet sich zu Wort.
2. Ich nicke demjenigen zu, der reden darf.
3. Ihr hört alle dem Redner zu und überlegt, ob ihr eine andere Erklärung für den Zaubertrick habt.
4. Wenn ihr etwas sagen wollt, meldet euch wieder, wenn der Redner zu Ende gesprochen hat.

Weiterer Spielverlauf

Sind alle Kinder, die etwas sagen wollen, zu Wort gekommen, geben Sie den Tisch frei und lassen die Kinder das Experiment nachvollziehen. Aber erklären Sie nicht, wie es geht, auch wenn es die Kinder nicht herausbekommen.

Zuckerwasserbilder

Ziele und Bedeutung

- **Einen Sachverhalt beschreiben**
- **Eine Abfolge richtig wiedergeben**
- **Teamarbeit absprechen**

Den Kindern wird nur verbal erklärt, wie das Experiment geht.

Danach müssen sie Sprache in Handlungen umsetzen, sich die Arbeitsschritte in der richtigen Reihenfolge merken, miteinander absprechen, wer welchen Teil der Aufgabe übernimmt und zum Schluss den anderen Kindern von ihren Beobachtungen berichten.

Vorbereitung

Teller, Würfelzucker, Tinte (abgefüllt in kleine Gläschen) und Pinsel liegen bereit, das Wasser holen sich die Kinder selber.

Gruppe: bis zu zehn Kinder
Material: jede Gruppe braucht einen weißen Porzellan- oder Plastikteller, Wasser, ein Zuckerstückchen, farbige Tinte und Pinsel

Einstimmung

Die Kinder wissen, dass sie alleine ein Experiment durchführen werden. Da heißt es aufgepasst und sich alles gut einprägen, was es zu tun gibt und in welcher Reihenfolge. Das erklären Sie den Kindern, bevor Sie die Aufgabe vortragen. Zuvor gruppieren sich die Kinder zu zweit oder zu dritt. Jede Gruppe holt sich die Materialien und sucht sich einen Arbeitsplatz aus. Dann stellen Sie die Aufgabe.

Aufgaben der Kinder

1. Verteilt unter euch die Aufgaben, die ich jetzt nenne:
2. Füllt den Teller mit etwas Wasser.
3. Gebt ein paar Tropfen Tinte auf den Würfelzucker.
4. Legt den Würfelzucker in den Wasserteller.
5. Beobachtet, was passiert.

Weiterer Spielverlauf

Wenn Sie erkennen, dass die Kinder ihre Experimente abgeschlossen haben, rufen Sie alle zusammen, gehen gemeinsam von einem Experimentier-Platz zum anderen und lassen sich von den Gruppen erklären, was sie gemacht und beobachtet haben.

Komisch!

Ziele und Bedeutung

- Gedanken austauschen
- Vermutungen formulieren
- Sachliche Begründungen geben

Dieses Experiment ist sehr komisch und funktioniert nicht so, wie man es vermutet. Das ist Zündstoff für interessante Diskussionen, denn die Kinder sind aufgefordert, eine Erklärung für ihre Beobachtung zu finden. Wahrscheinlich werden sie die Ursache nicht herausbekommen. Doch das spielt keine Rolle, denn die sprachliche Herausforderung bleibt: Vermutungen äußern, Begründungen finden, Spekulationen anstellen und mit den anderen Gedanken austauschen.

Vorbereitung

Die Kinder schließen sich zu Dreiergruppen zusammen.

Gruppe: bis zu zehn Kinder
Material: Jede Gruppe braucht einen Trichter und einen Tischtennisball

Einstimmung

»Da staunen auch die Erwachsenen und wundern sich und wissen nicht, warum das so ist!« Mit solchen Bemerkungen machen sie die Kinder neugierig, das Experiment kann beginnen.
Übrigens: Die Aufgabe klingt einfach, die Ursache ist kompliziert.

Aufgaben der Kinder

1. Nehmt einen Trichter und einen Tischtennisball.
2. Haltet den Trichter mit der breiten Öffnung nach oben und legt den Tischtennisball hinein.
3. Pustet von unten in das dünne Ende des Trichters.
4. Was passiert?
5. Besprecht miteinander, warum das so ist.

Weiterer Spielverlauf

Es ist verblüffend, dass keiner den Ball aus dem Trichter herausblasen kann, auch wenn er sich noch so anstrengt. Wenn die Kinder in der Gruppe ausreichend lange über die Gründe und Ursachen für den Verlauf des Experiments spekuliert haben, rufen Sie alle zusammen und jede Gruppe erklärt, zu welchem Schluss sie gekommen ist. Erst danach rücken Sie mit Ihrem Wissen heraus: »Die Puste, also der Luftstrom, drückt nicht direkt auf den Ball, sondern umkreist den Ball und drückt zwischen Ball und Trichterform heraus. Genau an dieser Stelle verringert sich jetzt der Luftdruck, er wird schwächer. Die Außenluft bleibt aber gleich stark, ist jetzt also stärker als die Puste, die durch die Trichteröffnung rund um den Ball herauskommt. Und deshalb wird der Ball von dieser kräftigeren Außenluft fest in die Öffnung des Trichters gedrückt und kann niemals herausgeblasen werden.«
Ob die Kinder das verstehen? Auf jeden Fall werden sie aufmerksam dieser physikalischen Erklärung zuhören, mit dem aufregenden Gefühl, etwas hoch Wissenschaftliches gehört zu haben.

Fremder Geschmack

Ziele und Bedeutung

- Unbekanntes beschreiben
- Wortschatz erweitern
- Sprachfantasie

Über Geschmack lässt sich bekanntlich nicht streiten – aber reden. Und deshalb sind die Kinder in Gruppen eingeteilt, damit sie ihre Entdeckungen und Wahrnehmungen der unterschiedlichen Geschmacksrichtungen von unbekannten Früchte austauschen können. Die sprachliche Leistung liegt in der Definition des Geschmacks. Wenn die Begriffe »süß« oder »sauer« oder »schmeckt wie eine Erdbeere« nicht mehr ausreichen, erfinden die Kinder neue Wörter, die zur Geschmacksrichtung passen.

Vorbereitung

Alle Früchte liegen auf dem Tisch, alle Kinder sitzen rundum und haben sich bereits zu Zweier- oder Dreiergruppen zusammengefunden.

Gruppe: bis zu zehn Kinder
Material: Exotische Früchte aller Art, jeweils zwei Früchte pro Sorte, Papier, Farbstifte, Teller

Einstimmung

Sie zeigen den Kindern alle Früchte und nennen die Namen. Zum schnelleren Lernen und besseren »Begreifen« dürfen alle Kinder die Früchte vorsichtig abtasten und daran schnuppern. Dann schneiden Sie jeweils eine Frucht pro Sorte auf. Jede Arbeitsgruppe bekommt pro Kind ein kleines Stückchen von jeder Frucht. Alle Fruchtstücke einer Gruppe werden auf einen Teller gelegt. Jetzt liegt von jeder Sorte noch die zweite Frucht auf dem Tisch.

Die Aufgabe kann erst dann gestellt werden, wenn die Kinder alle Namen der Früchte wissen, was sich mit einem kurzen Ratespiel überprüfen lässt: »Wie heißt diese Frucht?« Oder: »Wo ist die Sternfrucht?«

Aufgaben der Kinder

1. Jede Gruppe nimmt einen Teller mit Obststückchen.
2. Zuerst malt ihr auf ein Papier eine der Früchte, sie bleibt hier auf dem Tisch liegen.
3. Dann probiert ihr ein Stückchen der Frucht und sucht ein Wort, mit dem ihr den Geschmack beschreiben könnt.
4. Dann setzt neben eure gemalte Frucht einen roten Punkt, wenn euch die Frucht gut schmeckt, oder einen Strich, wenn sie euch nicht schmeckt.

Weiterer Spielverlauf

Sind die Gruppen mit ihrer Arbeit fertig, werden die Ergebnisse ausgetauscht und verglichen.

Farbenmischer

Ziele und Bedeutung

- Wortschatz erweitern
- Sprachfantasie
- Sachwissen austauschen

Farben werden gemischt, benannt, verglichen und, wenn nötig, neue Farbennamen erfunden.

Doch nicht genug damit, zum Schluss müssen die Kinder Gegenstände nennen, die dieselbe Farbe haben. Bei dieser Aufgabe wird also Alltagswissen abgefragt und Sprachfantasie ist nötig. Da können die Kinder voneinander lernen.

Vorbereitung

Die Materialien sollten vorbereitet werden, dabei helfen die Kinder mit. Anschließend suchen sie sich einen Spielpartner für das bevorstehende Malspiel aus.

Gruppe: bis zu zehn Kinder
Material: : Malpapier, Zeitungen als Unterlage, Wasserfarben, Pinsel, Wassergläser

Einstimmung

Sie fordern ein Kind auf, auf ein Blatt einen dicken Farbfleck mit Wasserfarben zu malen. »Wie heißt diese Farbe?« Dann greifen Sie selbst zum Pinsel, tauchen ihn in eine andere Farbe und mischen den Farbtupfer damit auf. »Wer kennt diese Farbe?«, »Wie nennt man sie?«, »Wer kennt etwas, das die gleiche Farbe hat?« Sie stellen die Fragen, die Kinder antworten und haben damit die Grundidee der neuen Aufgabe verstanden.

Aufgaben der Kinder

1. Richtet euch einen Malplatz ein, mit allem, was ihr dazu braucht.
2. Einer beginnt und malt einen Farbfleck auf das Papier.
3. Der andere nimmt eine andere Farbe und malt darüber.
4. Eine neue Farbe entsteht. Wie heißt sie?

5. Wenn euch kein passender Farbenname dazu einfällt, erfindet einen neuen.
6. Dann überlegt euch einen Gegenstand, der diese Farbe hat.
7. Danach wiederholt ihr das Spiel, diesmal beginnt der andere.
8. Spielt solange weiter, bis euer Malblatt voll ist.

Weiterer Spielverlauf

Alle Gruppen treffen sich wieder, zeigen ihre Malblätter, nennen die Farben, die sie gemischt haben und die passenden Gegenstände.

Ein andermal können jeweils drei Kinder in einer Gruppe zusammenarbeiten und dann mit drei Farbtönen ihre Farbmischungen kreieren.

Kinder werden z. B. solche neuen Farben erfinden: wasserblau, kellerdunkel, marmeladenrot.

Fenstergucker

Ziele und Bedeutung

- Schildern, was man sieht
- Bericht erstatten
- Visuelle Wahrnehmung in Sprache übertragen

Ein Kind erzählt den anderen, was es sieht und was die anderen nicht sehen können. Die anderen Kinder hören zu und stellen sich gedanklich vor, was da vor dem Fenster alles passiert. Dieses Spiel ist ein gutes verbales Kommunikationstraining und erfordert Konzentration und Sprachvermögen.

Vorbereitung

Ein Fenster wird frei geräumt, ein Stuhl davor gestellt, so dass ein Kind darauf stehen und gut hinaussehen kann. Drei weitere Stühle werden vom Fenster etwas weiter weg aufgestellt.

Gruppe: vier Kinder
Material: Stoppuhr

Einstimmung

Sie bitten ein Kind, mal kurz aus dem Fenster zu schauen und den anderen zu schildern, was es sieht. Das ist der Anfang des Spiels. Doch die Aufgabe ist noch etwas komplizierter.

Weiterer Spielverlauf

Bei einer nächsten Spielrunde können die Kinder selber festlegen, wie lange der Fenstergucker berichten darf.

Aufgaben der Kinder

1. Ein Kind stellt sich ans Fenster und schaut hinaus.
2. Die Stoppuhr wird auf zwei Minuten gestellt.
3. So lange darf das Kind hinausschauen und den anderen erzählen, was es draußen sieht.
4. Die anderen Kinder bleiben auf ihren Stühlen sitzen, hören zu und fragen nach, wenn sie mehr wissen wollen.
5. Sind die zwei Minuten um, wählt das Kind am Fenster einen neuen Fenstergucker aus der Gruppe aus.

Bildergalerie

Ziele und Bedeutung

- Bilder interpretieren
- Eigene Meinung bilden
- Bewertung begründen

Kunst ist Geschmackssache, und darum geht es bei dieser Aufgabe. Die Kinder lernen, ihren eigenen Kunstgeschmack zu erkennen und zu begründen.

Sie üben sich darin, es auszuhalten und zu tolerieren, dass andere anders denken und anders werten, dass das kein Problem ist und dass eben jeder seinen eigenen Geschmack hat.

Vorbereitung

Alle Bilder werden aufgehängt und der Gruppenraum und/oder das Treppenhaus in eine Bildergalerie verwandelt. Die Kinder helfen bei diesen Vorbereitungen mit.

Gruppe: bis zu zehn Kinder
Material: mehrere Kunstdrucke oder Blätter von Kunstkalendern mit Werken aus verschiedenen Kunstepochen, Klammern

Einstimmung

Die Kinder ziehen in Zweier- oder Dreiergruppen los und machen einen Rundgang durch die Bildergalerie. Dabei betrachten sie jedes Kunstwerk ganz genau und tauschen ihre Eindrücke aus. Zum Schluss versammeln sich alle wieder und die Aufgabe kann gestellt werden.

Aufgaben der Kinder

1. Nehmt eine Klammer.
2. Geht alleine los und schaut noch einmal alle Bilder an.
3. Ihr dürft dabei mit niemandem reden.
4. Entscheidet euch für ein Lieblingsbild.
5. An dieses Bild heftet ihr die Klammer.
6. Dann kommt wieder hierher.

Weiterer Spielverlauf

Beim nächsten Rundgang durch die Bildergalerie, an dem alle Kinder teilnehmen, wird speziell darauf geachtet, welche Lieblingsbilder von den Kindern ausgewählt wurden. Weil auf den Klammern keine Namen stehen, werden Sie jeweils nachfragen, wer sich für das Bild entschieden hat. Die Kinder werden aufgefordert, zu begründen, warum gerade dies ihr Lieblingsbild ist.

Mir gefällt es auf der Welt

Ziele und Bedeutung

- Werte und Bewertungen
- Austausch der Wahrnehmungen
- Eigene Stellungnahmen finden
- Philosophieren

Die Kinder denken über die Welt nach, sie bewerten, was sie sehen oder erlebt haben, sprechen Hoffnungen und Wünsche aus, urteilen und verurteilen.
Sie philosophieren über die Welt, die Gesellschaft, die Natur. Sie stellen ihre Vermutungen an und begründen ihre Gedanken.

Vorbereitung

Die Kinder suchen nach einer ruhigen Ecke, drinnen oder draußen, wo sie sich ungestört miteinander unterhalten können.

Gruppe: bis zu sechs Kinder

Einstimmung

Auch Sie nehmen dort Platz, lehnen sich gemütlich und genüsslich zurück – vorausgesetzt, Sie sind tatsächlich in dieser guten Stimmung – und sagen mit heiterer Stimme: »Mir gefällt es auf der Welt « und fügen eine Aussage hinzu, die für Sie wirklich stimmt. Vielleicht »weil ich jetzt hier draußen im Garten mit euch Kindern zusammen bin!«, »weil es jeden Tag Abend wird, und Mensch und Tier zur Ruhe kommen!« oder »weil es Blumen gibt!«
Nennen Sie ein paar solcher Sätze, beginnen Sie diese immer mit der gleichen Formulierung: »Mir gefällt es auf der Welt …«
Damit haben Sie den Kindern die Aufgabe bestens vorgespielt, denn konkret heißt sie:

Aufgaben der Kinder

1. Jeder von euch überlegt sich etwas, was ihm auf der Welt gut gefällt.
2. Der Reihe nach sagt jeder einen Satz.
3. Dieser Satz beginnt mit den Worten: Mir gefällt es auf der Welt …
4. Es geht immer reihum.
5. Wem gerade nichts einfällt, der klatscht in die Hände und der Nächste ist dran.

Weiterer Spielverlauf

Nach diesem Spiel sind die Kinder in bester Laune und mit sich und der Welt zufrieden. Vielleicht schafft es die Gruppe, miteinander ein großes Poster zu malen, auf dem alle schönen Dinge, die gerade aufgeführt wurden, zu sehen sind, bunt durcheinander, wie ein modernes Kunstwerk.

Marsmännchens Fragespiel

Ziele und Bedeutung

- Begriffe definieren
- Dinge erklären
- Ausdrucksfähigkeit verbessern
- Bewusste Wortwahl

Das Marsmännchen versteht rein gar nichts von unserer Welt und stellt deshalb viele Fragen über Alltäglichkeiten. Die Kinder versuchen, mit ihrem Wortschatz und Weltverständnis Antworten zu geben. Sie erklären, beschreiben, vergleichen, erläutern, zeigen auf und sind bemüht, dem Marsmännchen verständliche Antworten zu geben. Dabei entdecken die Kinder auf neue Weise, dass jedes Ding einen Namen hat, wie man mit verschiedenen Worten einen Sachverhalt unterschiedlich erklären kann und dass die Wortwahl wichtig ist, weil sie informieren oder verwirren kann.

Vorbereitung

Die Kinder sitzen in der Kuschelecke, bereit für die Begegnung mit dem Marsmännchen.

Gruppe: bis zu sechs Kinder
Material: Handpuppe, selbst gebastelt aus einer grünen Socke, siehe Skizze, Schachtel als Behausung des Marsmännchens.

Einstimmung

Die Kinder klatschen wild in die Hände, das ist das Zeichen, dass jetzt das Marsmännchen erscheinen soll. Es lugt auch gleich unter seinem Schachteldeckel hervor. Es gähnt, schüttelt sich, brabbelt ein paar unverständliche Laute vor sich hin und sobald es die Kinder erkennt, legt es mit seinen Fragen los. Doch bevor die Kinder antworten, nennen Sie die Aufgabe.

Aufgaben der Kinder

1. Das Marsmännchen stellt euch Fragen.
2. Wer antworten will, gibt ein Zeichen.
3. Das Marsmännchen wählt aus, wer ihm seine Frage beantworten soll.
4. Das Marsmännchen hört sich gerne mehrere Antworten an. Deshalb hebt die Hand, wenn ihr noch etwas sagen wollt.
5. Redet erst, wenn das Marsmännchen euch dazu auffordert.

Weiterer Spielverlauf

Dieses Fragespiel können Sie immer wieder inszenieren. Es beginnt auch immer mit der gleichen Anfangsszene, das ist die beste Motivation für die Kinder. Wiederholen Sie auch die Aufgabenstellung, die zugleich die Spielregel ist.
Typische Fragen des Marsmännchen sind z. B. »Was ist ein Auto?«, »Kann ich damit fahren?«, »Wie geht das Fahren?« oder »Was ist ein Mittagessen?«, »Wer macht das?«, »Was macht ihr damit?«, »Was passiert mit dem Essen im Mund?«, »Warum muss man denn essen?«
Jede Frage wird von einem Kind beantwortet. Je komischer das Männchen fragt, desto lustiger wird das Frage-und-Antwort-Spiel.

Geburtstagsfeste

Ziele und Bedeutung

- Kulturaustausch
- Besonderheiten erklären
- Meinungen äußern
- Traditionen berichten

Jedes Kind erzählt, wie es seinen Geburtstag am liebsten feiern würde. Dabei kommen Familiengewohnheiten, Traditionen und regionale, kulturelle Bräuche zum Ausdruck. Die Kinder werden durch die Aufgabe dazu herausgefordert, ihre Vorstellungen zu konkretisieren und sich so auszudrücken, dass die anderen die Wünsche verstehen. Der Anreiz dazu ist das Versprechen, dass man dieses Jahr den Geburtstag wirklich so feiern wird, wie gewünscht, vorausgesetzt, die Wünsche sind realistisch. Das herauszufinden gehört auch zur Aufgabe.

Vorbereitung

Für diese Aufgabe muss ausreichend viel Zeit eingeplant sein, damit alle Kinder zu Wort kommen.

Gruppe: bis zu zehn Kinder
Material: Notizbuch oder Schreibpapier

Einstimmung

Die Kinder sitzen im Kreis und Sie fragen, was nach Meinung der Kinder zu einem Geburtstag gehört. Jedes Kind wird aufzählen, was es bisher erlebt hat und gewöhnt ist. Dabei machen sich Unterschiede bemerkbar, was kein Problem sein soll.
Dann schränken Sie das Thema ein und fragen, was nach Meinung der Kinder zu einem Kindergeburtstag im Kindergarten gehört. Bei den Antworten werden sicher Wunsch und Wirklichkeit vermischt und Sie können die Aufgabe stellen.

Aufgaben der Kinder

1. Denkt euch aus, wie ihr gerne euren Geburtstag im Kindergarten feiern würdet.
2. Der Reihe nach erzählt jeder seine Ideen.
3. Die anderen hören zu und wir überlegen und beschließen gemeinsam, welche Ideen wir ausführen könnten.
4. Diese Geburtstagsfest-Ideen schreibe ich in mein Geburtstagbuch.
5. Das Kind, das gerade an der Reihe ist, diktiert mir, was ich für seinen Geburtstag aufschreiben soll.

Weiterer Spielverlauf

Ideal wäre, wenn Sie die Geburtstagsfest-Ideen am Anfang des Kindergartenjahres sammeln, dann könnten die Kindergeburtstage zukünftig entsprechend gestaltet werden. Ihre Notizen lesen Sie dann drei Tage vor dem jeweiligen Geburtstag vor und besprechen mit den Kindern, was jeder zum Gelingen dieses Tages beitragen könnte.

Wie denkst du darüber?

Ziele und Bedeutung

- Erklären
- Gedanken in Worte fassen
- Zuhören
- Nachfragen

Den Kindern werden Fragen gestellt, die zum Nachdenken und Weiterdenken anregen. Dabei werden die unterschiedlichen Wertungen und unterschiedlichen Erfahrungen der Kinder deutlich. Darauf kommt es sogar an! Das wichtigste dabei ist, dass sich die Kinder untereinander ernst nehmen, einander tolerieren, gut zuhören, sich um klare Aussagen bemühen, Ungewohntes akzeptieren und nachfragen, wenn sie etwas nicht verstehen.

Vorbereitung

Die Kinder treffen sich in der Kuschelecke, machen es sich gemütlich, sitzen dennoch aufrecht – so bleiben sie aufmerksamer – und setzen sich so, dass jeder jeden sehen kann.

Gruppe : drei bis vier Kinder
Material: kleine Bälle als »Redebälle«

Einstimmung

Zu Beginn versuchen Sie den Kinder verständlich zu machen, dass es viele Dinge und Ereignisse auf der Welt gibt, über die Menschen unterschiedlich denken. Sie erklären, dass es wichtig ist, dass jeder seine Meinung sagen kann und dass man nachfragen sollte, wenn man etwas nicht versteht. Damit haben Sie das Wichtigste der nachfolgenden Aufgabe bereits beschrieben.

Aufgaben der Kinder

1. Ich stelle an euch eine Frage und wer dazu etwas sagen möchte, der nimmt einen Redeball aus dem Korb.
2. Ihr sprecht untereinander ab, in welcher Reihenfolge diejenigen, die reden wollen, zu Wort kommen.
3. Redet in dieser Reihenfolge.
4. Wer fertig ist, legt den Redeball zurück.

5. Wem später noch etwas einfällt, der nimmt wieder einen Redeball und kommt zum Schluss an die Reihe.

Weiterer Spielverlauf

Bereiten Sie dieses Spiel mit einer Liste von guten Fragen vor. Es sollten Themen sein, die die Kinder wirklich berühren und über die sie nachdenken, z. B. »Warum streiten Kinder?«, »Warum feiern wir Geburtstag?«, »Kinder mögen Hunde und Katzen, warum wohl?«, »Warum gehen Leute in die Kirche?« Wenn Sie wollen, könnten Sie die Antworten der Kinder notieren und ein andermal darauf Bezug nehmen, verbunden mit der Frage: »Wie denkst du jetzt darüber?«

Das kann ich gut

Ziele und Bedeutung

- **Selbstvertrauen formulieren**
- **Kritische Selbstreflexion**
- **Selbstdarstellung**

Die Kinder reden über sich, was ihnen an sich selbst gut gefällt und was sie gut können. Das fällt nicht allen Kindern leicht und manche müssen ihre Hemmungen zuerst überwinden, bevor sie reden können. Doch genau das gehört auch zur Aufgabe: Sich selbst überwinden, sich zu Wort melden, vor anderen laut reden, dabei aufstehen und es aushalten, dass alle einen anschauen. Das ist nicht nur eine sprachliche, sondern auch eine soziale Leistung der Kinder und sie können dieses Verhalten bei dieser Aufgabe üben.

Vorbereitung

Das Material liegt bereit. Doch vor der Malaktion setzen sich die Kinder zu einer Gesprächsrunde zusammen.

Gruppe : bis zu vier Kinder
Material: große Bögen Malpapier, Fingerfarben

Einstimmung

Beginnen Sie das Gespräch, denn es ist für manche Kinder sehr ungewohnt, von sich selbst zu sagen, was man besonders gut kann. Da braucht es eine gute Einstimmung, die Sie mit diesem kurzen Spiel geben können: Sie wenden sich an jedes Kind persönlich und sagen ihm, was Sie an ihm schätzen oder was es besonders gut kann. Und wenn die Kinder Ihnen mit strahlenden Augen zuhören, haben Sie die Stimmung erreicht, die die Kinder für die Aufgabe brauchen.

Aufgaben der Kinder

1. Überlege, was du gut kannst!
2. Sprecht miteinander ab, wer reden darf.
3. Wer redet, der steht auf und spricht laut.
4. Zum Schluss malt jeder ein Bild von sich, wie er sich darüber freut, was er gerade gehört und gesagt hat.

Weiterer Spielverlauf

Die Aufgabe ist so gestellt, dass sich die Kinder untereinander absprechen und den Ablauf selbst organisieren.
Die gemalten Bilder werden später an einem besonderen Platz aufgehängt und können zusätzlich mit Bändern geschmückt werden, damit die Besonderheit des Bildes und die Einmaligkeit des Kindes sichtbar hervorgehoben wird.

Lieblingssachen

Ziele und Bedeutung

- Freie Rede
- Sachlich beschreiben
- Emotional begründen

Die Kinder entscheiden sich für einen Lieblingsgegenstand, überlegen, was das Besondere daran ist und werden sich ihrer Bewertung bewusst. So verbinden sich sachliche und emotionale Mitteilungen, wenn ein Kind den anderen seinen Lieblingsgegenstand vorstellt. Die Schwierigkeit dabei ist, dass anfangs der Gegenstand nicht zu sehen ist und das Kind sich bei seiner Erklärung klar ausdrücken muss, damit die anderen verstehen, wovon es spricht.

Vorbereitung

Die Verpackungsmaterialien werden auf einem Tisch ausgebreitet. Dabei helfen die Kinder.

Gruppe: bis zu zehn Kinder
Material: schöne Papiere oder Geschenkpapiere aller Art, bunte Bänder, Scheren, Klebeband

Einstimmung

Beginnen Sie mit einem Gespräch über Lieblingssachen. Wer davon erzählen will, legt los. Auch Sie könnten von Ihren Lieblingssachen berichten. Erst wenn die Stimmung und Aufmerksamkeit der Kinder auf Hochtouren läuft, ist der richtige Augenblick für die Aufgabe gekommen.

Aufgaben der Kinder

1. Suche im Gruppenraum etwas aus, das zu deinen Lieblingssachen gehört.
2. Nimm es und packe es schön ein.
3. Lege das Päckchen auf den Tisch.
4. Warte, bis alle fertig sind.

Weiterer Spielverlauf

Jetzt kommt der zweite Teil der Aufgabe: Jedes Kind erzählt zuerst von seinem Lieblings-Ding, begründet, warum es ihm so gut gefällt und packt erst zum Schluss sein Päckchen aus. Fragen der anderen Kinder sind erlaubt und auch eine Hilfe für den Vortragenden, weil er mit den Antworten weiter ins Detail gehen kann.

Ich trau' mich nicht

Ziele und Bedeutung

- Kritische Selbstreflexion
- Handlungen beschreiben
- Emotionen beschreiben
- Ratschläge geben

Es fällt schwer, über Situationen zu berichten, dir einem unangenehm waren. In den man zum Beispiel Hemmungen hatte, ein Verlierer war, vielleicht sogar ein Feigling. Angeben wäre viel einfacher! Hier setzt die Aufgabe an:

Die Kinder hören, dass es anderen genau so erging, dass immer wieder so etwas passiert, dass man darüber reden kann, sich nicht genieren oder schlecht fühlen muss und sich Hilfe von anderen geben lassen kann. Eine Erfahrung, die für den Umgang mit zukünftigen Problemen Handlungssicherheit bietet.

Vorbereitung

Die Kinder suchen einen ruhigen Platz, wo keiner das Gespräch stören kann und darf.

Gruppe: bis zu vier Kinder
Material: ein Xylophon als Signal

Einstimmung

Sie beginnen mit einem Gespräch, um bei den Kindern die Gefühle der Vertrautheit miteinander und des gegenseitigen Vertrauens untereinander auszulösen. Das ist die emotionale Basis für die nachfolgende Aufgabe. Der Gesprächsinhalt kann unterschiedlich sein. Entweder erzählen Sie von sich eine Begebenheit, bei der sie sich etwas nicht getraut haben, oder es gab eine Situation in der Kindergruppe, in der sich ein Kind etwas nicht traut. Jetzt können Sie miteinander darüber reden, oder Sie stellen allgemeine Fragen, um die Erinnerungen der Kinder an so ein Ereignis und das Gefühl »Sich-etwas-nicht-trauen« wachzurufen. Dabei geht es um das Problem, dass man sich etwas ausdenkt, sich aber nicht traut, es zu tun.
Wenn Sie merken, dass sich die Kinder auf das Thema konzentrieren, können Sie die Aufgabe stellen.

Aufgaben der Kinder

1. Jeder erinnert sich an eine Situation, in der er sich etwas nicht getraut hat.
2. Jeder schließt die Augen und stellt sich noch einmal die Situation ganz genau vor.
3. Wenn ich ein Signal gebe, öffnet ihr die Augen.
4. Jeder erzählt von seinem Erlebnis.
5. Ist er fertig, darf jeder, der will, einen guten Rat dazu geben.

Weiterer Spielverlauf

Die Reihenfolge können die Kinder untereinander absprechen. Weil es nur eine kleine Gruppe ist, können aus den Ratschlägen der anderen neue Gespräche entstehen. Lassen Sie diesen Gesprächen ihren Lauf.

Das möchte ich lernen

Ziele und Bedeutung

- Sich darstellen
- Über sich reden
- Visionen konkretisieren
- Selbstreflexion

Dies ist eine sehr anspruchsvolle Aufgabe und setzt die Anfänge des abstrakten Denkens voraus. Es werden die Fähigkeiten der Selbstwahrnehmung, der kritischen Selbstreflexion, der Eigenverantwortung und des zielorientierten Denkens angeregt. Dabei wird eine Gedanken- und Sprachleistung gefordert, wie sie bei Vorschulkindern vorhanden sein sollte.

Vorbereitung

Die Kinder sitzen an Tischen, jeder hat ausreichend Platz, um ungestört nachdenken und malen zu können.

Gruppe : *bis zu fünf Kinder*
Material: *Malpapiere, Farbstift*

Einstimmung

Zur Einstimmung auf das Thema der Aufgabe erzählen Sie von Menschen, die zeitlebens einen großen Wunsch hatten, was sie tun oder lernen oder können wollten und sich eines Tages diesen Wunsch erfüllten. Erzählen Sie z. B. aus dem Leben eines Abenteurers oder Forschers, oder Sie erfinden eine Geschichte, die diese Situation veranschaulicht. Die Kinder brauchen etwas Zeit, um den eigenverantwortlichen Weg vom Wunsch zur Wirklichkeit zu erkennen. Erst dann stellen Sie die Aufgabe.

Aufgaben der Kinder

1. Denkt euch aus, was ihr gerne einmal machen wollt. Etwas, das man wirklich lernen kann.
2. Malt ein Bild von euch, wie ihr das gerade tut.
3. Jeder arbeitet für sich und verrät den anderen nicht, was er sich ausgedacht hat.
4. Wenn ihr mit dem Bild fertig seid, kommt zu mir und ich sage euch, wie es weitergeht.

Weiterer Spielverlauf

Die Kinder hängen ihre Bilder an die Wand. Sind alle Kinder mit ihrer Aufgabe fertig, versammelt sich die Kinderschar vor den Bildern und jeder erklärt den anderen sein Bild – und damit seine Vision.